我有一片星空

凡·高在精神病院不为人知的故事

STARRY NIGHT: VAN GOGH AT THE ASYLUM

焦点艺术丛书

我有一片星空

凡·高在精神病院不为人知的故事

STARRY NIGHT: VAN GOGH AT THE ASYLUM

【英】马丁·贝利 著 / 徐辛未 译

GUANGXI NORMAL UNIVERSITY PRESS
广西师范大学出版社
桂林

目录

致读者

1889年5月8日～1890年5月16日，文森特·凡·高入住圣保罗精神病院，这家精神病院坐落于普罗旺斯圣雷米小镇（Saint-Rémy-de-Provence）附近。书中一般将这两个地点简称为“圣保罗”（Saint-Paul）和“圣雷米”（Saint-Rémy）。本书的尾注部分将为读者提供书中内容的引用来源和其他信息。文中对经常引用的资料进行了缩写，完整的引用可见于“原版书参考书目”。凡·高书信的编号来自权威的2009版《文森特·凡·高——书信：完整插图注释版》（*Vincent van Gogh-The Letters: The Complete Illustrated and Annotated Edition*），编辑是利奥·詹森（Leo Jansen）、汉斯·路易登（Hans Luijten）和尼恩克·贝克（Nienke Bakker）（www.vangoghletters.org），凡·高在圣雷米期间的信件可见于该书第五章。凡·高的画作都以“F”开头，参考自1970年雅各布–巴尔特·德·拉·菲力（Jacob-Baart de la Faille）《文森特·凡·高作品：画作和手稿》（*The Works of Vincent van Gogh: His Paintings and Drawings*）的分类目录。除非明确标注，所有图片均为凡·高画作。画作说明会先列出作品的长度，然后是宽度，单位为厘米。阿姆斯特丹的凡·高博物馆（Van Gogh Museum）的艺术品和档案多归凡·高家族设立的文森特·凡·高基金会（Vincent van Gogh Foundation）所有。我们可以从相关的艺术家信件的网站上看到存于博物馆的部分档案。书中提到的圣雷米居民出生和死亡日期主要来自人口统计结果、选举人名单和市政档案厅的出生、结婚、死亡档案（人名拼法可能不同，但采用了常用的拼法变体）。正文和附录中提到的精神病院工作人员及病人的年龄通常是指他们在凡·高入院时（1889年5月）的年龄。

《星空》细节图，纽约现代艺术博物馆

前言

普罗旺斯的圣雷米小镇背靠嶙峋的石灰岩山丘，小镇的房屋安卧在鹅卵石铺成的小巷上。圣雷米的中心依偎在环形的林荫大道中，道路边有着织锦般的橄榄树丛、葡萄园和柏树，呈现出一派典型的法国南部景象。伴随着夏日的蝉鸣，野生百里香和迷迭香的味道弥漫在空气之中。圣保罗精神病院的前身是一所修道院，位于小镇的南部郊区，上千年来，这所修道院一直扮演着避难所的角色。

虽然今天的游客也会由于罗马式的回廊而来到圣保罗，但最吸引他们的仍是体验文森特·凡·高曾经居住过的精神病院。在割掉自己的耳朵后，这位画家一直隐居在这个避难所中，也正因为这一可怕事件的发生，凡·高不再在阿尔勒的南方工作室与保罗·高更合作。1889年5月8日～1890年5月16日，凡·高在精神病院共住了374天。

一张19世纪晚期的海报曾把圣保罗形容为“maison de santé”（健康之家）（图1）[1]。海报将圣保罗描绘成一个世外桃源，它位于“Les Alpilles”（阿尔皮耶山）的山脚下，精神病院周围树木成荫，如画的建筑围绕着小礼拜堂。海报上的文字说明当地的气候与法国尼斯和戛纳的气候类似——这种说法就好像是在描述旅游景点，但实际上，这里是一个精神病院，它向“les aliénés”（疯子）开放。[2]凡·高很快便发现了，这里的生活与海报上的描述是南辕北辙的。

曾经的圣保罗修道院现在已经是一个现代化的精神病院，它的周围竖起了高墙。游客们可以进入花园、小教堂、12世纪的回廊以及几个二楼的房间，包括展示用的“凡·高的卧室”（这个小间被装饰成1889年的样子）。很多游客都以为他们见到的是艺术家真正休息过的房间，但凡·高可能甚至没有踏入过这间卧室半步。凡·高当时被限制在现在的男宿舍楼中，就在回廊的后方，为了满足医院的需求，这个地方已经被

图1：普罗旺斯圣雷米海报，19世纪晚期，平版印刷，36厘米×45厘米，由巴斯特与维拉马德（Baster & Viellemard）完成

翻新了。尽管这片区域禁止入内，带有怀旧气息的前修道院建筑群仍可以让游客们体验到凡 · 高曾经生活和创作过的氛围。

我从1987年开始真正对凡 · 高感兴趣，当年我还曾要求进入这家精神病院，尤其是进入之前的男宿舍楼。当然，安排访问的过程极其复杂，但最终我还是得偿所愿。负责人亨利 · 米森（Henri Mison）友善而又小心翼翼地带我参观了仍有病人的房间。我不禁想象起凡 · 高被禁锢在此的生活景象。

男宿舍楼前厅面向花园的景色让我感到无比震撼（图2），因为从凡 · 高时期至此，它几乎没有改变（图30）。一扇大门通往一个有围墙的花园，凡 · 高曾在这个花园里度过了他最快乐的时光。喷泉里仍然有

左图
图2：前男宿舍楼的北侧门厅，圣保罗，1987年，本书作者拍摄

右上图
图3：前男宿舍楼北侧走廊，圣保罗，1987年，本书作者拍摄

右下图
图4：前男宿舍楼东侧外观，圣保罗，1987年，本书作者拍摄

水倾流而下，落在圆形的凹槽内——这幅景象在凡·高的一些作品中不止一次出现（图21）。可让病人搬到室外区域的前厅里的椅子，吸引了我的视线。这番酸楚的景象让我想起凡·高进入精神病院前几个月时，他在阿尔勒绘制的“空椅子”——他单独绘制了自己的椅子和高更的椅子。[3]

医院的大部分区域在20世纪60年代和70年代被翻新过，很多原始的物品在当时丢失了。为了扩大病人的房间，长长的走廊被缩窄了，下方的墙面也贴上了瓷砖，给人一种福利机构的感觉（图3）。至少在凡·高时期，走廊还是有点建筑上的优雅的（图31）。

米森随后带我走入了另一个朝着阿尔皮耶山的花园。当我踏入这片曾是麦田的土地时，我立刻就认出了凡·高画中最常出现的有围墙的区域。我从花园里抬头仰望凡·高卧室所在的侧翼二楼（图4），并询问米森，精神病院的病人们是否知道曾有一位著名的画家住在这儿，他告诉我病人们通常不知道这点，他还补充说道，病人们可能会认为这是一件令人烦恼的事。[4]

1989～1990年是凡·高住进医院的第一百年，随着这个时间的到来，很多游客纷纷要求来此参观，但大部分都被拒绝了。现在进入这里

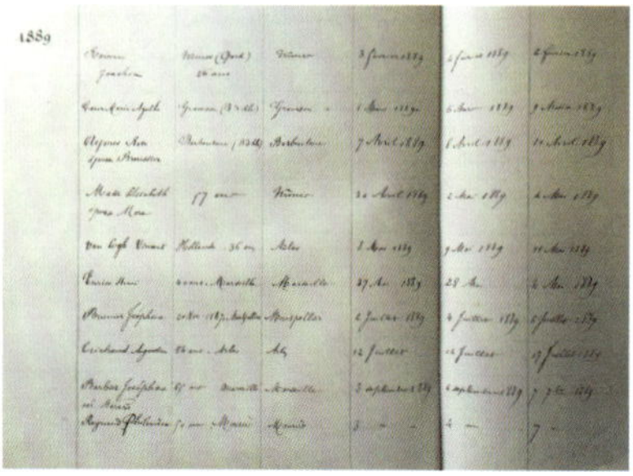

左图
图5：圣保罗住院登记册（1876～1892年），圣雷米市政档案

上图
图6：1889年圣保罗住院登记名单，凡·高的名字在靠近中间的位置，圣雷米市政档案

更是几乎不可能，因此，我可能是少数几个曾来过此地的当代凡·高学者。工作人员还允许我拍摄了一部分室内照片，本书将会是第一本出现这些彩图的凡·高论著。[5]

自第一次到圣雷米精神病院探望后，我无数次重回此地，但直到30年后，我才听说可能还有一部分关于凡·高的新材料未公之于世。时任镇档案室保管员的雷米·旺蒂尔（Rémi Venture）确认了市政档案中含有一份19世纪晚期进入圣保罗精神病院的病人名单。让人震惊的是，这份名单并没有引起凡·高学者们的注意——现在已经很少有关于凡·高的新资料了。因为这一新的发现，我和朋友及普罗旺斯的研究人员奥内利亚·卡德蒂尼（Onelia Cardettini）于2017年4月再次赶往圣雷米。

档案室在宅邸的第二层，现在是小镇的图书馆，旺蒂尔让我们在一张长桌边坐下，随后他搬出一只堆满了档案的箱子。我们飞快地浏览着这些材料，并终于找到了需要的文件——清单编号3Q5。抱着极大的期望，我们解开了保护文件的白色缎带，里面是一本已经斑驳的大登记册，上面登记了上百位病人的住院记录（图5）。[6]

翻到1889年的那一页，我们发现了这个精神病院最著名的病人的身影（图6）：这一部分记录着凡·高出生在荷兰，时年36岁，之前住在阿尔勒。该资料为我们提供了三个信息：凡·高进入精神病院的日期（1889年5月8日）、医生的检查报告（1889年5月9日）、报告发送给当局的日期（1889年5月11日）。我们已经知道凡·高住院的日期，因此这份资料并没有什么新鲜的，但我们很快意识到，这个登记本让我们有机会确认画家身边的病人朋友。[7]

凡·高到此的当天，医院只有18位男病人，他和这些人一起度过了整整一年，遭遇了和这些人一样的困境。凡·高在住院期间，逐渐与其他人熟识起来，还将他们叫作“我落难的伙伴”。[8]登记册不包含任何的医学记录，但根据凡·高病友的名字，我随后又通过其他渠道查明了这些病友不同的背景和处境。我被他们严重的病情震惊了——这一情形为凡·高带来的麻烦也使我惊讶。我现在才明白，当这位艺术家写下“一直听到叫喊声和野生动物般可怕的嚎叫声”时，他丝毫没有夸张。[9]

例如让·雷韦洛（Jean Revello），1887年他来到病院时才20岁，这个时间比凡·高进来的时间要早两年。[10]他从来没有学会讲话，有暴力倾向——这一点倒不足为奇，毕竟他无法与人进行口头交流。雷韦洛是精神病院的最后一位男病人，因为从一战后，医院只收女病人。在雷韦洛晚年的时候，他常常会坐在门房边，时不时发出让人无法理解的声音。雷韦洛在1932年4月22日于圣保罗逝世，时年65岁——他在精神病院里被困了将近45年。亨利·昂里克（Henri Enrico）在凡·高入院的两周后进入精神病院。虽然凡·高没有直接说出他的名字，但他曾提到过这位新人“打碎所有东西，日夜不停地咆哮”[11]。亨利的一个哥哥和一个姐姐也曾入住圣保罗精神病院，所以他们可能有家族遗传的疾病。

另一位病人欧仁·菲杰埃尔（Eugène Figuières）曾是普罗旺斯地区艾克斯（Aix-en-Provence）的知名律师，但不久他就进入了精神病院。他可能是唯一受过良好教育的病人，凡·高会时不时地和他聊天。更耐人寻味的是，菲杰埃尔还与凡·高一样患有“幻听”。

幻听产生的噪音能够解释凡·高之前为什么采取极端的方式割掉自己的左耳。他这么做可能就是绝望地想要远离可怕的噪音或他感觉自己听到的话语。尽管病院的医疗记录中有凡·高患有幻听的记录，但我仍觉得我们没有足够重视这一证据。

* * *

了解病人们遭遇的困境激发了我探究这所精神病院的热情。虽然这一时期很少被凡·高的研究者们关注，但我执意想更多地去了解凡·高、雷韦洛、昂里克和菲杰埃尔当时的生活。未发表的1874年圣保罗精神病院的观察记录揭示了一些令人咂舌的细节，幸运的是，这些记录促使刚上任的院长——泰奥菲勒·佩龙医生（Dr Théophile Peyron）立刻对精神病院的管理等进行了改革。他对待凡·高很温和、体谅。佩龙和他的员工们在工作中竭尽所能，但当时仍很少有人了解精神病的成因，对于精神病的治疗也是非常原始的。

凡·高一定很难在餐厅用餐，也很难与病友在同一个房间休息，因为他的大部分病友的病情都比他严重。无须多说，他肯定是远离家人、朋友、艺术家同好的，实际上他只能见到书上复印的艺术品，太多他生命中珍视的东西已无法企及，好在他还有绘画的机会。

尽管有62封凡·高从圣保罗精神病院寄出的信件被保留了下来，但实际上相对而言他不怎么提到关于精神病院日常生活的事情。也许他只是不想提及残酷的细节，或可能只是想要逃避现实；他将与外界的通信看作令人心旷神怡的躲避。[12]我们可以理解凡·高传记作者们依赖他的这些信件进行写作，但这也致使他们谈及凡·高在圣保罗精神病院时期的遭遇时呈现出了过于美化的内容。

我决定重新审视凡·高艺术生命中的这段时光。[13]几次去圣雷米访问，我追随着凡·高的脚步去探索他曾经绘画过的地点。我爬过精神病院后方的峡谷，冒险进入过他曾经承受心理危机的采石场；我探索过橄榄树丛，翻越过阿尔皮耶山。我无数次回到圣保罗精神病院，让自己沉浸在这所修道院改成的精神病院的氛围中。

我甚至成功地找到了凡·高为他侄子生日所绘制的作品中那棵开花的杏树（图106）。两位在圣雷米住了很久的居民带我见到了这棵古树，有些杏树可以存活150年，虽然不能确凿地证明它就是凡·高作品描绘的对象，但无疑这还是可信的。[14] 我不太想揭露细节，因为确认它的位置会危及树的生命——游客们可能会试图跟随凡·高的步伐，折断开满花朵的树枝（图7）。

我也试图去唤起认识凡·高的当地人的记忆。[15] 20世纪二三十年代一本没有发表的日记中就包含了一些邻人的回忆，这本日记的作者是当地艺术家让·巴尔蒂（Jean Baltus）[16]，它能让我们确认首席护工夏尔·特拉比克（Charles Trabuc）的橄榄树丛的位置，凡·高就曾在那里作画，并和夏尔的妻子让娜（Jeanne）聊天。我还采访了让-弗朗索瓦·普莱（Jean-François Poulet），他回忆自己年轻时曾在精神病院工作，也曾陪伴凡·高一起采风，这意味着我们可以确认凡·高在圣保罗精神病院绘制的最优秀的肖像画中所描绘的无名“园丁”究竟是谁。

传记作家很喜欢根据凡·高的工作和生活地点将他的人生分成几个时期。他从快成年时就一直居无定所，总在寻找更适合自己的职业方向。1889年5月～1890年5月这一年通常被称为凡·高的圣雷米时期，但在我看来这并不准确，因为凡·高其实很少进入圣雷米镇，对这一时期的更确切表述应该是圣保罗时期，实际上凡·高的所有时间都是在圣保罗精神病院和周边乡村度过的。

在圣保罗时期，凡·高在艺术上取得了非凡的进步，阿尔勒时期热情的色彩让步于柔和的色彩，后者可能更能反映凡·高的心情。正如他的弟媳乔·邦格（Jo Bonger）后来所言：“他的色彩变得更加清晰，画作中的和谐感开始起作用。”[17] 如果说凡·高的色彩变柔和了，那么他的笔触则变得更加有力，尤其是那带有独特卷曲、蜿蜒线条的笔触。

凡·高对艺术的热情虽不一定意味着他能够应付精神病院的生活，但他密集的作画频率帮助他摆脱了日常生活中的不体面感，给了他生活

图7：圣保罗周边的杏树，2017年，本书作者拍摄

目标，也让他能够忍受自己的病痛。人们通常认为凡·高的艺术肯定会受到精神状况恶化的影响，他还真的有几周完全无法作画。但只有少数存世的画作能让人察觉到他精神状况的不稳定，在圣保罗，他大部分时候是清醒及泰然自若的。他明显非常高产，有150张存世的画作，还有几十张画作丢失了。这样的产出量相当于每两天便完成一幅画。

* * *

《星空》（图49）是凡·高在圣保罗精神病院中绘制的最有名的画作。我很好奇画作中有多少意象来源于现实，有多少是迸发于他的想象力。画作里的教堂代表着圣雷米的教堂，背景中的小山丘则是阿尔皮耶山，画作的主题依旧是天空。凡·高热衷于观察天空，在他来到精神病院之前，他曾写道："星空的景色让我想到地图上简单的黑点，这些黑点代表着城镇和村庄，它们令我畅想。"[18]因为圣保罗精神病院几乎没有人工光源，因此夜空看起来更加熠熠生辉。在爬上床前，凡·高透过窗户上的铁栏杆看向星空的瞬间应该就是他逃离现实生活的至乐时刻。

为了挖掘更多与凡·高《星空》有关的资料，我向格林尼治皇家天文台（Royal Observatory in Greenwich）寻求帮助。彼得·哈里逊天文馆（Peter Harrison Planetarium）的布伦丹·欧文斯（Brendan Owens）友善地单独为我做了一场演示——他为我模拟了1889年6月15日～6月16日（凡·高绘画《星空》那天）普罗旺斯东方的天空。[19]我独自一人坐在观众席上，他调暗了灯光，一点点地将凡·高可能看见的天空景色投影在巨大的穹顶之上。首先是月亮缓缓升起——这几乎是一轮满月，绝不是画中的新月。随后他又加入了星辰，在月亮的周边只有木星是真正明亮的。欧文斯加快速度投影了天空的变化，一个小时又一个小时，直到金星——那颗最亮的行星出现在拂晓的天边。到那时，凡·高的房间是不可能看见月亮的。欧文斯接下来又为我投影了银河，他滤除了部分月光，使银河更加显眼。我很好奇凡·高是不是以银河为灵感绘制了山顶上那条盘旋的白色带状物。在离开天文馆的时候，我已经能够确定当凡·高站在画架前准备在空白的画布上作画时，他并没有按照前一天晚上自己看到的景象去表现，甚至与之相反，他保留了对无数个夜晚的星空记忆，这些记忆让他能够放任自己的想象力，从而创造出一个极具个人风格的惊世景色。

《星空》是凡·高精神病院时期的代表作。虽然凡·高四分之三的时间都是清醒的，还产出了大量的作品，但同一时期一系列的精神危机曾将他推入深渊，致使他无法创作。然而，只要他康复一点，或是从绝望的深渊中重新崛起时，他便会再次回到阳光下，拿起画笔。《星空》就生动地体现了他在克服精神病院生活和创作困难时的挣扎。

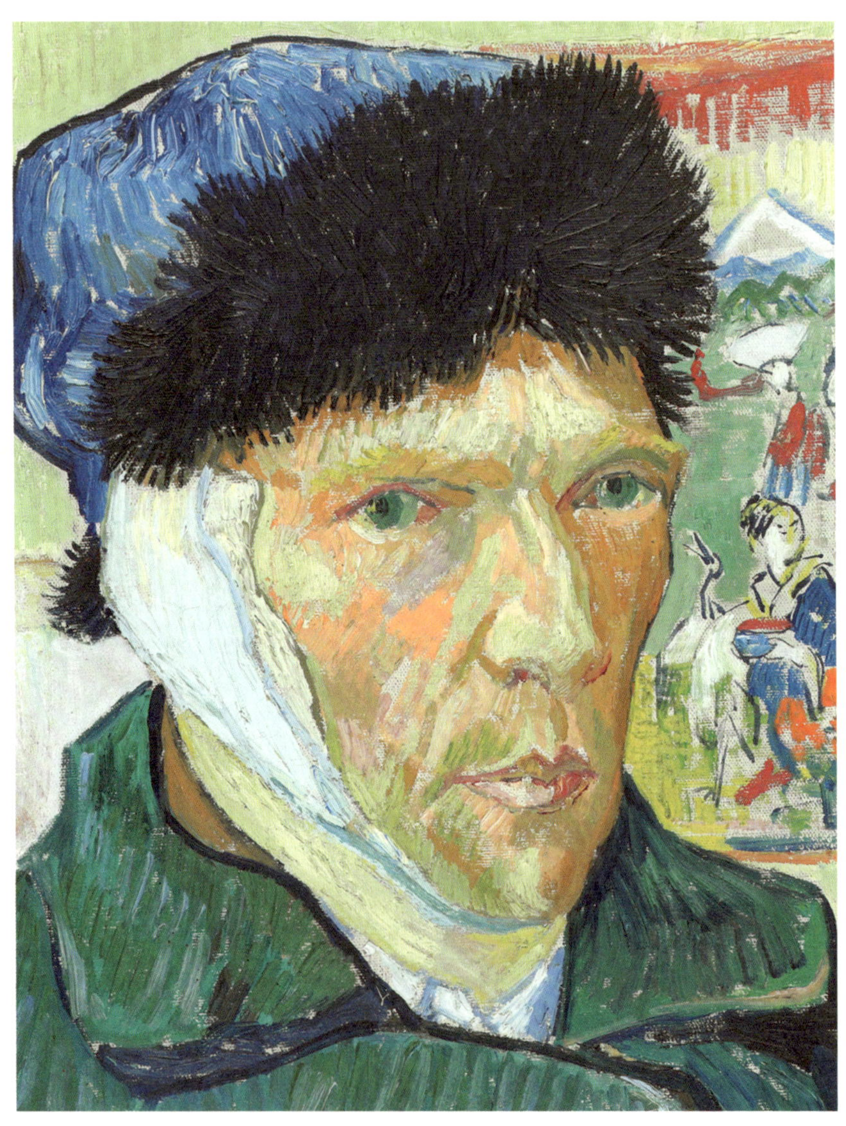

《耳朵缠了绷带的自画像和日本版画》（*Self-portrait with bandaged Ear and Japanese Print*）细节图，伦敦考陶尔德画廊

序言：一母同胞，两种生活

兄弟之情是人生的重要支柱，
这是一条亘古的真理。[1]

凡·高的弟弟提奥在31岁时和他后来的妻子约翰娜·邦格（Johanna Bonger，一般被称为乔·邦格）迅速坠入爱河。1888年12月，这位年轻的荷兰女郎正在巴黎参观，而提奥是当地的画商，其实他们在1885年和1887年也曾有过短暂的会面。在第二次见面时，乔已经有了对象，因此她温和地拒绝了提奥；1888年，乔和提奥再次见面，并且乔很快就回复了提奥，两人在巴黎愉快地度过了一天——这是一次从未想过的、梦一般的经历。他们花了大量的时间共处，彻夜交谈。[2]

在遇见乔的第11天，提奥在给母亲安娜（Anna）的信中激动地写道："我太爱她了，而且最近这几天我们频繁地见面，她告诉我她也爱我……现在，亲爱的母亲，我请求您也和蔼地接纳她。"[3]安娜立刻回信祝福了提奥。仅仅相处两周，乔在圣诞节后便离开巴黎，返回阿姆斯特丹的家中，在那里，他们正式订婚，开始筹办婚礼。

1889年1月9日，提奥回到荷兰，与家人、朋友们一起庆祝订婚。为了记住这个时刻，他和乔还留下了影像（图8、图9）。仅仅在荷兰相处一周后，提奥又回到巴黎，继续在布索特与法拉东画廊（Boussod & Valadon Gallery）工作，而乔仍在阿姆斯特丹。他们过了至少三个月才见面，但是，在此期间他们频繁写信给对方，激动地分享着自己的感悟，并探讨如何在巴黎共同组建家庭。

左图
图8：约翰娜（乔）·邦格，小弗里德里克·凡·罗斯马兰（Frederik van Rosmalen Jr）拍摄，1889年1月，阿姆斯特丹凡·高博物馆（文森特·凡·高基金会）

右图
图9：提奥·凡·高，小弗里德里克·凡·罗斯马兰拍摄，1889年1月，阿姆斯特丹凡·高博物馆（文森特·凡·高基金会）

他们开始寻找合适的房子，憧憬开启新的生活。因为提奥在蒙马特尔（Montmartre）顶层的公寓离上班地点太远了，午餐时间无法回家，所以他开始寻找“我们能够共筑爱巢的地方”。[4]最终，他找到了一所山脚下的公寓，也就是皮加勒区8号（8 Cité Pigalle）。他们不断通信商讨室内设计的细节。提奥甚至寄出了一份卧室窗帘的布料样品（乔小心翼翼地珍藏了这封信和样品，这封信和样品现被保存在阿姆斯特丹凡·高博物馆）。乔在给未婚夫提奥的信中回复道：“我们将会拥有多么美好、温馨的家啊。”[5]

3月末，提奥坐火车返回荷兰，拜访亲友，随后他们于1889年4月18日在阿姆斯特丹举行婚礼。在布鲁塞尔度过了24小时的蜜月后，他们立刻回到巴黎。提奥护送心上人前往装饰着鲜花的新家。乔写信给姐姐米恩（Mien）时提道："提奥对我太温柔、太好了——我们相处得很愉快，从相识的第一刻开始我们就相处得非常自然……还有家务活……一切都井井有条，我会尽全力让家保持整洁。"[6]提奥和乔在新家中快乐地畅想着未来的生活。

对提奥的哥哥而言，生活却是另一番景象。1888年2月，凡·高离开巴黎（他曾在这里和弟弟一起生活了两年），前往阿尔勒。在巴黎的时候，他认识了一些先锋派的同道中人。受到印象派色彩的影响，凡·高的用色开始变得明朗起来。渐渐地，他希望自己的艺术创作能更上一层楼，同时他还相信法国南部会为此提供新的机遇。

图10：《黄房子》，1888年9月，72厘米×92厘米，阿姆斯特丹凡·高博物馆（文森特·凡·高基金会）（F464）

来到阿尔勒后，凡·高租下了黄房子（Yellow House，图10）——这是他第一次拥有如此宽敞的住所。他给妹妹维尔米恩[Willemien，也就是维尔（Wil）]的信中提道："这所房子的外墙被涂上了黄油的色彩，窗户是鲜艳的绿色。在广场上，它日照充足……房子内部是我可以生活和呼吸的地方，我还可以在这里思考、绘画。"这里应该就是被他称作南方工作室的地方，是他和一群艺术家伙伴生活及创作的地方。[7]凡·高随后邀请了高更加入，因为他感觉两个人一起居住可以节约生活开销，并且和志同道合的伙伴共事能让自己更有创造力。

高更在1888年的10月来到这里，最初一切都很顺利。两位画家为了绘画的主题共同探索着阿尔勒及其周边。他们一同架起画板，享受着漫长、激动人心的关于艺术的讨论。但是，两人关系很快就紧张起来，他们的性格迥然不同，对于作品的观念都很强硬——还常常相反。12月中旬，他们的关系到达了破裂的边缘，争吵爆发，高更更是不断地以离开来威胁凡·高。这时正是提奥和乔相遇及确立关系的时刻。

在1888年12月23日这个周日的夜晚，可怕的事情发生了。在一番争吵之后，高更气冲冲地离开住所。凡·高抓起了他的剃须刀，在绝望的深渊中割掉了自己大半个左耳。他用纸包着割下的左耳，将这个血淋淋的包裹送给了一个当地妓院的女人。这戏剧性的一幕后来成了艺术史上最不体面的片段（图11）。

究竟是什么导致他自残呢？有较为明确的证据显示，凡·高当天早些时候收到了提奥的来信，他被告知提奥邂逅了乔——他们还打算结婚。[8]凡·高因害怕被抛弃，立刻陷入了极其严重的焦虑之中。提奥是他唯一亲近的亲人，他害怕乔的到来会冲淡他们之间亲密的兄弟情。

金钱的压力对他而言可以说是更大了。过去的八年中，提奥都会定期从工资里划拨出一部分钱来补贴凡·高，慷慨地支撑着他的绘画事业。根据约定，凡·高则会定期寄送画作给弟弟。这个时期内，凡·高从来没有找到过有工资的工作，如果没有弟弟的汇款，作为艺术家的他

图11：《耳朵缠了绷带的自画像和日本版画》，1889年1月，布面油画，60厘米×49厘米，伦敦考陶尔德画廊（F527）

根本无法生存。乔的到来意味着提奥的工资要用来负担妻子的费用——也许还有小孩的费用。

凡·高惧怕高更离开，更重要的是，他害怕在情感上和经济上失去提奥的支持。这些虽然不是凡·高可怕行为的根本原因，但也是导火索。无数专家后来讨论过他的病因。在较为近期的研究中，有人认为他可能患上了边缘型人格障碍，这种疾病会导致情绪变化异常迅速以及对离弃的恐惧。[9]

高更在平安夜给提奥发了一封电报，将这件可怕的事告知了提奥。提奥随后推迟了回荷兰的时间，当夜立刻坐火车前往阿尔勒，看望病房中的哥哥。凡·高当时极其虚弱，医生甚至觉得他可能死期将至。幸运的是，他的伤口好得很快，不幸的是，他心理的创伤却没有恢复。1889年1月7日，凡·高出院了，两天后正是他弟弟正式宣布订婚的日子。

凡·高好像恢复得不错，但到2月初，他再一次情绪崩溃，不得不在短时间内又回到医院。当月下旬，凡·高回到黄房子，他的邻居们日渐不满，还写了请愿书要求其离开。这样的压力和本来就不稳定的精神状态导致他第三次情绪崩溃，他的医生因此建议他进入精神病院。在当时这样的建议肯定是很可怕的，因为19世纪的精神病院条件恶劣，也做不了什么减轻患者痛苦的事，更别提治好病人了。[10]

凡·高对精神病院有着极其痛苦的记忆。九年前，他27岁，那时他还在比利时南部博里纳日（Borinage）的煤矿区传教。由于完全不适应这份工作，他被停职了，随后便陷入了穷困潦倒的境地。当时，凡·高的父亲考虑到他的状况，打算让他进入赫尔（Gheel）——比利时的一家精神病院。已经发表的凡·高书信集为了掩饰家中的分歧而删除了这一段，所以在1990年之前，我们对他的这段经历所知甚少。[11]当医生建议凡·高去精神病院时，他一定想起了父亲曾试图让他被精神病院收容的过往。

提奥当时也很担忧。他在写给乔的信中提道："想到在春天的时候，他还要待在精神病院里，四周都是高墙，除了精神病患者，没有任何其他人陪伴，真的很可怕。"[12]当天他也向凡·高表达了自己的悲伤："当想到我要和亲爱的乔在一起享受幸福，而你却要经受磨难时，我真的很难过。"[13]

医生们建议凡·高去马赛或普罗旺斯地区的艾克斯精神病院，这两家医院都是大型公立机构，[14]但幸好凡·高没去这两家医院。位于马赛的圣皮埃尔（Saint-Pierre）精神病院建在监狱上，看管着1085个病人；而艾克斯的蒙特贝林（Montperrin）精神病院则有696位病人。[15]如果凡·高去了其中任何一家拥挤的机构，都会被一群疯子围绕着。两个病院都在大城市的市郊，如果去了，凡·高显然就无法走到乡间，也无法看到他想描绘的那番景象。

4月时，阿尔勒的新教牧师弗雷德里克·萨勒（Frédéric Salles）（他从凡·高住院就开始施以援手）为凡·高推荐了圣雷米的圣保罗精神病院。那里离阿尔勒只有25公里，是一家私营的精神病院，周边是美丽的乡村风光，男女患者共38人，可以更好地保障和照料病人。这位新教牧师还热心地访问了精神病院，询问是否可以允许凡·高入住，并及时给了凡·高回复。[16]

兄弟二人对圣保罗的了解完全来源于萨勒牧师和精神病院的简介。病院的宣传册盛赞了“健康之家”，它提到男病人的起居室里有“台球室、音乐室、可供写作或绘画的书房”。在关键的承诺上，宣传册上还强调了“人道关怀……替代了从前对待精神病人的残忍方式”。治疗方法“不会强迫”——一般不会使用约束衣，也不会将病人锁在浴室或床上，而是承诺“温柔与仁慈”。[17]

1889年4月18日，提奥婚礼的当天，凡·高正在犯愁自己将要在阿尔勒独立生活还是搬到圣保罗。他虽不情愿，但发现自己已不得不成为自愿入院的病人。尽管看上去他已经被“可怕的崩溃”击败，但他依然承认“人要从高山上下来，而不是攀登高山”。[18]婚礼一天后，在提奥和乔还在布鲁塞尔享受着仅有一天的蜜月时，凡·高下定决心离开阿尔勒，前往圣保罗。[19]

4月24日，离婚礼结束只有一周的时间，提奥写下了可能最令他痛心的一封信。精神病院接受了凡·高并要求一位近亲授权。提奥寄给凡·高一封正式的信件并请其转交给佩龙医生：“我经兄长同意，写下此封信件，要求您所在的机构为文森特·威廉·凡·高[36岁，画家，生于荷兰大津德尔特（Groot Zundert），现居阿尔勒]提供入住许可。我请求您接纳他为三等病患。”[20]

自婚礼后，提奥给凡·高的信中就没有提到过婚礼或蜜月，可能是由于担心这会让凡·高觉得自己对他不够关心。提奥只使用了极少低调的词来描述他们在巴黎的新家：“我也想告诉你，我们上周六就开始住在这里，我们几乎已经整顿好了，这个家每天都更有生活气息。”[21]提奥与乔在“爱巢”中享受着新婚喜悦的同时，在600公里外的地方，他的哥哥搬离了曾经承载过梦想和灵感的黄房子，进入了住着疯子的精神病院。

《精神病院和教堂风景》细节图，个人收藏

第一章：入住

我可能要在这里住上很长一段时间，
而我从未如此平静。[1]

一个春日的早晨，两个男人踏上了阿尔勒的火车站月台。其中更年轻的一位正是艺术家文森特·凡·高，他已经住院几个月了，当时刚出院。在割掉耳朵之前，他居住的黄房子就在离火车站步行三分钟的地方，所以他对这一片并不陌生。然而，从他割掉自己的耳朵起，他的邻居们就越来越不欢迎他，这也加重了他此行的压力。对比而言，他的旅伴——新教牧师萨勒却十分受到当地居民的爱戴。

1889年5月8日，两人坐上8点51分的火车，很快就来到了塔拉斯孔（Tarascon）——通往巴黎方向的下一站。他们在当地换乘窄轨列车，缓缓地穿过农田，到达圣雷米小镇（图12）。尽管只有15公里，整个行程却花费了一个小时，正如作家爱德华·萨尤（Edouard Sayous）同年所做的简洁描述："小小的车站，小小的火车，慢慢的速度，短短的距离——不错的旅程，可爱的终点。"[2]

坐了一小段时间马车后，凡·高和萨勒终于到达了目的地。最开始他们驰骋在环绕着圣雷米的林荫大道上，凡·高第一次瞥见了这个小镇，相对阿尔勒而言，小镇当时看起来十分宁静。他们随后朝南行驶，一边穿过橄榄树丛，一边看见阿尔皮耶山凹凸的轮廓。这片迷人而又富饶的土地启发了凡·高，缓解了他的焦虑。这可不是一次乡村旅行，而是送凡·高进入精神病院的旅程。

在圣雷米外一公里的地方，他们见到了著名的罗马纪念碑——"Les Antiques"（遗迹），包括尤利乌斯（Julii）家族的陵墓塔和纪念恺撒

图12：车站，圣雷米，约1905年，明信片

征服高卢地区的凯旋门。此地是著名景点，也是法国及其他各国艺术家笔下常见的主题。短短几个月前，美国插画家约瑟夫·彭内尔（Joseph Pennell）就曾来此画过它们（图13）。[3]

四年以前，菲利克斯·克莱蒙特（Félix Clément）曾在为普罗旺斯作家、文艺先锋弗雷德里克·米斯特拉尔（Frédéric Mistral）创作的肖像画中描绘过罗马遗迹周边壮丽的景色（图14）。从画中，我们可以看到罗马纪念碑和后方的阿尔皮耶山（精神病院就在该场景的左边，但并没有出现在画中）。在凡·高和他的同伴到来之前的几个月，米斯特拉尔也曾和作家保罗·马利顿（Paul Mariéton）回到这里。他们访问了“精神病人住的地方”——还有“一些人用呆滞的目光注视着我们”。[4]

凡·高和萨勒的马车自罗马纪念碑处转弯，进入了一条两侧种着松树的道路，道路很短，直通被围墙环绕的精神病院。他们到达的时候，小教堂刚要敲响中午11点的钟声。他们在门房前停下，也许是老看门人

上图
图13：约瑟夫·彭内尔，《圣雷米罗马遗迹》（*Roman Remains at Saint-Rémy*），1888年9月，印刷品

右图
图14：菲利克斯·克莱蒙特，《弗雷德里克·米斯特拉尔肖像》（*Portrait of Frédéric Mistral*），1885年，布面油画，157厘米×127厘米，马赛美术馆（Musée des Beaux-Arts）

让·拉兹涅尔（Jean Résignier）接待了他们，这位看门人后来和凡·高关系密切，据说还收到过一张他的画作。[5]

门房前有一条较短的大道通往前圣保罗修道院（修道院的名字来源于5世纪时一位曾在罗马纪念碑附近建立礼拜场所的基督教徒）。修道院约建立于1000年，尚存的最古老部分是12世纪的回廊。1605年，修道院被扶危济贫的方济各会修士们使用。法国大革命之后，国家征用了修道院；1807年，它被路易斯·梅屈兰医生（Dr Louis Mercurin）买下，改造成精神病院。病院的中央区域保留了修道院的历史性建筑，新建起的男病人和女病人宿舍分别在遗迹的两边（图15）。[6] 1866年的一份规划图展现了精神病院的建筑布局，包括L形的男宿舍楼（图16）[7]。

萨勒和凡·高被带往小教堂边那栋楼里的院长办公室。在那儿，他们见到了泰奥菲勒·佩龙医生——这个人在接下来的一年中对凡·高的生活有着关键的影响。由于法国人几乎无法拼读荷兰姓氏，萨勒立刻表

上图

图15：圣保罗的空中鸟瞰图，20世纪40年代。其中有隐修的小教堂（1）、凡·高曾经位于东侧的卧室（2）、凡·高曾经在北侧的工作室（3）、有围墙的花园（4）、曾经的麦田（5）、女宿舍楼（6）及罗马纪念碑（7），背景是阿尔皮耶山和右边的圣雷米镇（不在图中）

对页图

图16：圣保罗规划图，1866年，雕刻（数字标注见图15）

明自己的同伴希望被称作“文森特先生”。对医生而言，凡·高虽然带着口音，但能讲一口流利的法语，也着实让他舒了一口气。

由于遭受了太多磨难，加之近几个月生活实为不易，凡·高看起来非常疲惫，完全不像只有36岁。佩龙可能注意到了他的习惯——他手势很多，走起路来步履蹒跚，当天早晨他应该还非常紧张。[8]医生看见他耳朵上的伤口时，肯定会觉得心烦意乱，还不免会担忧其他病人看到后会做何反应。但成长于郊外小镇的佩龙医生当时应该想知道，如果有一位受过良好教育、在伦敦和巴黎居住过，还拥有热烈的职业追求的人居住在此会怎样。

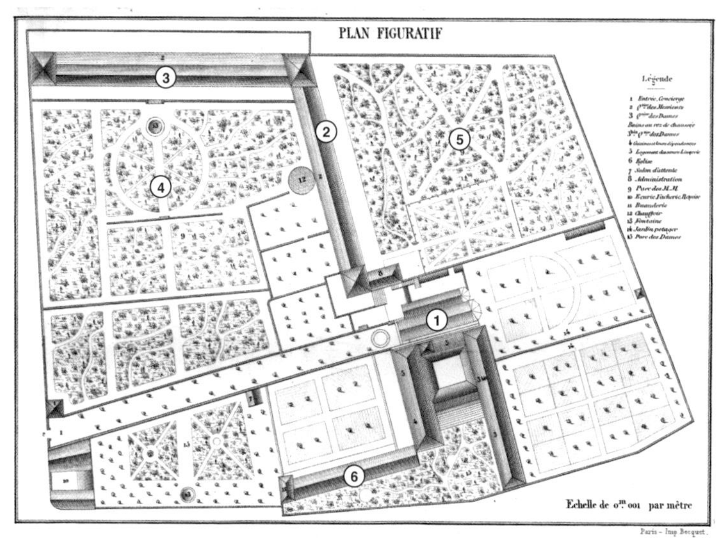

一番寒暄之后，根据法国法律，牧师将提奥撰写的申请兄长入院治疗的正式信函交给了医生。[9] 提奥还支付了三等病患的费用，即一个月100法郎（图17）。[10] 一等病患的住院费用是每月200法郎，二等是每月150法郎，但是和凡·高一样，大部分的病患还是选择了最低标准。

提奥在信中提出两点特殊要求：一是他的哥哥需要“每餐至少半升葡萄酒”，每天都要供给。这一点多少有点让人惊讶，因为凡·高有时会认为是酒精加重了他的病情。尽管半升的葡萄酒配给量可能略多于平常，不过法国精神病院通常会给病人提供葡萄酒。[11] 尚不明确凡·高是否会喝这么多，因为几周之后他就声称自己“滴酒不沾”了。[12] 另一件事更重要：“监禁他是为了阻止他再一次做出可怕的举动，而不是由于现在他的精神状态有问题，所以我希望您能够允许他外出绘画”。如果没有这条许可，那么凡·高可能无法忍受生命之重。

萨勒认为初次会面进展顺利，正如他在给提奥的信中令人宽慰地报告说：“文森特先生非常冷静地向院长解释了自己的状况，就像一个完

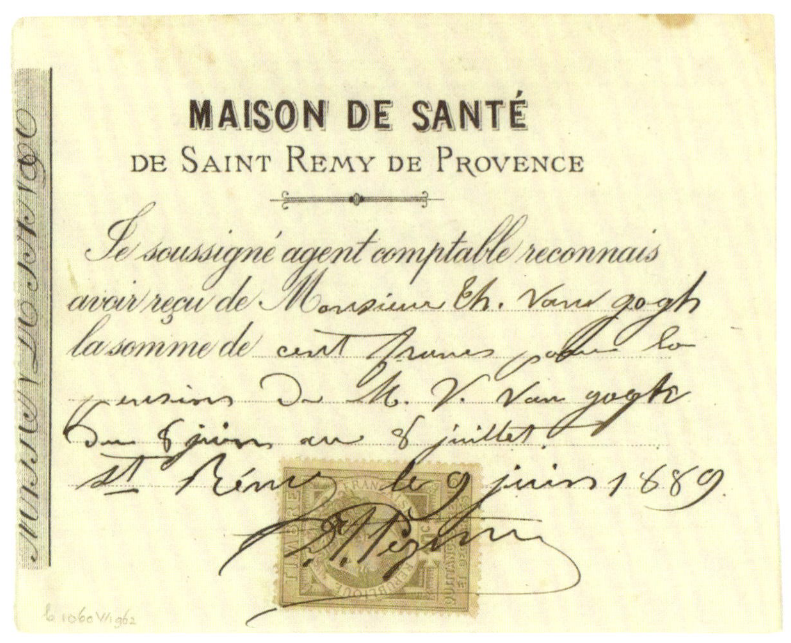
MAISON DE SANTÉ
DE SAINT REMY DE PROVENCE

Je soussigné agent comptable reconnais avoir reçu de Monsieur Th. Van gogh la somme de cent francs pour la pension de M. V. Van gogh du 8 juin au 8 juillet.
St Rémy le 9 juin 1889

图17：提奥·凡·高支付给圣保罗的作为文森特第一个月费用的收据（100法郎），由泰奥菲勒·佩龙医生签署，1889年6月9日，11厘米×14厘米，阿姆斯特丹凡·高博物馆（文森特·凡·高基金会）

全知道自己处境的人。”在离开时，他“热情地感谢我，看上去好像还为他即将在这里开始的全新生活而动容”。[13]

很多精神病院会将病人安排在集体宿舍里，但幸运的是圣保罗提供的是单人间。佩龙医生陪同凡·高来到他的房间，房中简单地摆设着一张铁床、一把扶手椅，可能还有一张桌子和一把椅子。进入房间的时候，艺术家立马就注意到了窗户上的铁栏杆，尽管这些铁栏杆令人感到限制和压抑，但他看到的却是窗外美丽的景色，在后面的几个月中，他一遍又一遍地画着这片景色。他的房间下方是一片麦田，在阳光下呈现金黄的色彩，在银色的橄榄树果园之外，分布着零星的深色柏树；向远处望去，还可以看见阿尔皮耶山。这些都是凡·高将要仔细研究，还会用流动的线条和明亮的色彩来描绘的主题。

医生离开后，凡·高打开箱子，拿出自己的衣服、几本书、写作用的文具，还有最重要的画具。有趣的是，他把大部分画作都寄给了提奥，其他的画作则送给阿尔勒的朋友，因此他没有带上任何一幅画——就好像他试图要在艺术上有一个崭新的开始。

翌日，凡·高写下了第一封信，收件人是提奥和乔。他向他们保证自己现在是“安宁的”，同时他也认为选择圣保罗是正确的。[14]这封信反映出的是他在犹豫不决了几周后得到的解脱，而非被收容之后感到愉快。

同一天，凡·高还接受了全面检查，精神病院医疗登记处总结了他的病情。[15]此番全面检查的报告是有关他医疗状况最详细的记录。佩龙医生从阿尔勒的医院拿到过报告，已经掌握了必要的病人背景。[16]阿尔勒的医生在几个月前写下了对凡·高的诊断：“突发急性狂躁症，产生视听幻觉，导致割耳自残。”他还写道：“现在他看起来神志清醒，但是自认为没有力量和勇气独立生活，并自愿申请进入精神病院。”

在医生的记录中，凡·高患有“癫痫，且这种癫痫发作的间隔时间较长”。医生总结：“明智的做法是对他实行长期观察。”[17]在咨询后，凡·高告诉提奥“疯狂”和“其他任何疾病一样”——这可能反映了医生宽慰他时所用的言辞。

《精神病院花园和蒲公英及树干》细节图，奥特洛（Otterlo）库勒-穆勒博物馆（Kröller-Müller Museum）

第二章：封闭的花园

当你收到我在花园里完成的画作时，
你会发现我在此地并不太忧郁。[1]

凡·高到圣保罗的时间刚好是一年中最美的时节。5月，花朵盛开，天气渐暖，又不会太炎热。他从小就热爱自然，大自然也为他带来了无穷的灵感，所以在发现这个大花园的时候，他非常愉快。在精神病院的一年中，凡·高在这里度过了他最快乐的时光。

这个公园（park），或者凡·高口中的花园（garden）[2]由梅屈兰医生建立于19世纪早期，他坚信自然环境有利于精神病患的健康。几十年后，1872年，法国医生阿方斯·多纳（Alphonse Donne）在一份健康指南上高度赞扬了这家精神病院。他写道：除了“看上去疯狂的面孔”，来此参观的游客们还可以在阿尔皮耶山脚下享受“令人心旷神怡的花园”，它就坐落在当地空气最好的区域。[3]

花园有三个逐渐向上的平面，到凡·高那时已经杂草丛生，常春藤盖满了树荫下的土地，还爬上了松树的树干。花园占地足足一万平方米，周边是L形的男病人宿舍楼和两面石墙，为病人提供了与世隔绝的庇护所。凡·高略带伤感地对提奥解释说：“花园充满生机，我并不是那么凄惨。”[4]

1889年5月，凡·高来到这里的第一个早晨就已经开始忙着在这片绿色的隐居地里作画。他的前两张画作主题是鸢尾花和丁香花——都是春天的花朵。[5]在《鸢尾花》（*Irises*，图18）中，他关注转瞬即逝的花瓣，在一片原本是深蓝紫色的色调上，一支白色的花朵格外引人注目。凡·高通过混合蓝色和红色得到了这样丰富的色彩，但由于时间关系，颜料已

上图
图18：《鸢尾花》，1889年5月，布面油画，71厘米×93厘米，洛杉矶J. 保罗·盖蒂博物馆（J.Paul Getty Museum）（F608）

对页图
图19：《精神病院的花园》，1889年5月，布面油画，92厘米×72厘米，奥特洛库勒-穆勒博物馆（F734）

经褪色，导致原本蓝紫色的鸢尾花变成了蓝色。鲜艳的花朵下方，青绿色的叶子打着优美的旋儿。鸢尾花是日本艺术家笔下常见的主题，凡·高非常崇敬这些艺术家，这也影响了他对画作主题的选择。[6]

看到有个艺术家支起画架，迅速地画出这些花朵，其他病人一定惊讶极了。幸好这些人没有过于打扰他作画——他们不像凡·高在阿尔勒的邻居，当他在黄房子附近作画时，这些邻居会上前骚扰他。凡·高从圣保罗写信给乔："我在花园作画的时候，他们全来观看了，我向你保证他们比——例如——阿尔勒的优秀市民更稳重、礼貌地让我安静作画。"[7]

Vincent

凡·高在精神病院的那一年，只有两位男病患新入院，因而任何新面孔的出现都会打破精神病院单调的生活。[8]凡·高是画家，还是荷兰人，但这只能引起那些精神更正常的人的注意。不过他左耳上的伤疤吓坏了病友们，一些人甚至因此从最初就不愿意接近他。

在凡·高入院两周后，佩龙医生向提奥报告说，他“用一整天在公园作画”，[9]《精神病院的花园》（*Garden of the Asylum*，图19）是另一幅凡·高在精神病院的早期作品，它展现了被一部分男宿舍楼包围的树木和绿油油的花园。凡·高的卧室在建筑的东侧（画作中正前方的建筑物），他的工作室则在北侧（画的左边）。画中浓密的树林环绕着这栋楼，形成一个有点幽闭感的、绿意盎然的场景。艺术家得意地在画的一角签下了自己的大名，他在圣保罗期间的签名画作只有七幅，这就是其中一幅。

尽管凡·高十分喜爱这个花园，但他依然认可花园已经败落。在给提奥的信中，他将花园描述为缺乏管理的：松树“下方生长着无人看管的草坪，混合着各种杂草”。[10]在《精神病院花园铺着常春藤的树》（*Trees with Ivy in the Garden of the Asylum*）中，他奇迹般地描绘出了这番杂草丛生的景象[11]，这幅画是他关于这一场景最重要的画作，画的焦点是铺满松树脚下的深色树叶。

凡·高一直对常春藤喜爱有加，他认为常春藤可以创造出一种虽然略显忧郁，却能令人震撼的画面。在接下来的几个月中，他画了很多带有氛围的灌木丛，这一主题也是同时代艺术家常用的主题。《精神病院花园铺着常春藤的树》差点成为凡·高的普罗旺斯作品中第一件被卖出去的。巴黎油画销售商兼艺术经销商老朱利安（佩尔）·唐吉[Julien（Père）Tanguy]在1889年12月告诉提奥，他想买这幅画，但却迟迟没有后文。[12]这幅画很快得到了乔的喜爱，几个月后，当这张画被陈列在巴黎的展览时，乔说：“我在冷淡而又新鲜的灌木丛前流连忘返——就好像我了解这个地点，还常去那里一样——我太喜欢这幅作品了。”[13]

尽管乔很喜欢这张画，唐吉还是在次年把画卖了出去。几十年后，常在巴黎活动的罗特席尔德男爵（Baron de Rothschild）家族收藏了这张画作，而后它又在二战时被纳粹夺走。希特勒的副官——赫尔曼·戈林（Hermann Göring）赞赏过它，这也是这幅画最后一次出现在公众视野。[14] 幸运的是，丢失的画作在一份褪色的、给提奥的手稿中被记录了下来（图20）。

花园周围的环境激发了凡·高的创作热情，他拼命地在花园中作画，到此仅两周，在阿尔勒购买的颜料和画布就已经快用完了。他一边等候着从巴黎寄来的补给，一边用墨水继续创作。《精神病院花园的喷泉》（*Fountain in the Garden of the Asylum*）（图21）就是这样一幅作

左图
图20：《精神病院花园铺着常春藤的树》，1889年6月，铅笔、墨水画，62厘米×47厘米，阿姆斯特丹凡·高博物馆（文森特·凡·高基金会）（F1522）

下页图
图21：《精神病院花园的喷泉》1889年6月5日，粉笔、钢笔、墨水画，50厘米×46厘米，阿姆斯特丹凡·高博物馆（文森特·凡·高基金会）（F1531）

品，它呈现了男宿舍楼入口前的圆形喷泉（请参见室内拍摄的照片，图2）。提奥认为这张画是他哥哥“最美”的手稿，在收到这张画时，我猜想他一定非常愉快，因为场景中是令人愉悦的优雅庭院，而非充满疯子的精神病院。[15]

凡·高告诉妹妹维尔，他时常感觉“只有去注视着草叶、松树枝、麦穗，才能让自己平静下来”。[16] 在描绘花园的四张近景画中，最动人心弦的就是《蝴蝶和罂粟花》（*Butterflies and Poppies*，图22），它展现了一片绿草上两朵鲜红的花，[17] 一对看起来像花朵一样的黄色蝴蝶翩翩飞舞，整幅画极为传神。凡·高在没有上过底漆的土黄色画布上留下了大片空白，使整个画面更加质朴；同时，他还在画面中勾勒了一个绿色边框，丰富了画面的装饰效果。很明显，这类风景画的表达方式受到了日本艺术的启发，尤其是受到葛饰北斋（Katsushika）作品的启发，凡·高曾高度赞赏过葛饰北斋绘制的一片草叶。[18]

住院期间，凡·高不停地在花园中找寻灵感。令人眩晕的《精神病院花园的松树》（*Pine Trees in the Garden of the Asylum*，图23）很好地表现了这片小空间里的自然风光。艺术家表达的视角十分独特，仿佛是躺在地上凝视着垂下的树枝一般。凡·高带着极大的热忱绘制了暖黄色的男宿舍楼墙面，暖黄的色调和蓝色的天空形成了鲜明的对比。不仅如此，天空的蓝色还从青绿色渐变到了群青，丰富了整个画面的层次。一

图22：《蝴蝶和罂粟花》，1889年6月，布面油画，35厘米×26厘米，凡·高博物馆，阿姆斯特丹（文森特·凡·高基金会）（F748）

图23：《精神病院花园的松树》，1889年9～10月，布面油画，90厘米×73厘米，洛杉矶阿曼德·哈默博物馆（Armand Hammer Museum of Art）（F645）

些可能是病患的人在门前闲逛，还有一位优雅的、撑着遮阳伞的女士也在人群中。由于这个花园只允许女性护工进入，所以这位女性成了画中的亮点。画面中央有一个正大步走向女士的男性，从男性的草帽和工作服上，我大胆推测这个男性就是画家本人。

凡·高在几周后完成了《精神病院花园一角》（*A Corner of the Asylum Garden*，图24），画面中包含了从铺着砖石的台面上所见到的男宿舍楼立面。[19] 那棵松树肥壮的树干曾被雷劈断一大截，这也引起了凡·高的注意。尽管画面表现的是深秋，却仍有一排玫瑰竞相盛放。正在花园中行走的路人是凡·高的几个病友，在给朋友埃米尔·贝尔纳（Emile Bernard）的信中，凡·高曾描述这些人一直处在精神紧张的状态，因此他笔下的这些人是“充满愤怒”的。花园后方是围墙，凡·高指出它“挡住了自己的视线”，再后方是在傍晚时分被“余晖”照亮的彩色天空。[20]

凡·高经常描绘工作室窗外的风景，这片风景也反映了他的思考和想法。他将被破坏的老松树描述成“黑色的巨人——像要把骄傲的人变得低矮一样”，与“松树前方灌木丛中正在凋零的最后一枝露出了苍白微笑的玫瑰”形成强烈的反差。[21] 树可以熬过冬天，而花朵终将凋谢，玫瑰丛将在春天绽放新的花朵。正如往常一样，艺术家会为季节交替和时间流逝而多愁善感。

另一幅极富感染力的画作是《精神病院花园中的树》（*Trees in the Garden of the Asylum*，图25），它展现了两棵粗犷的树干间一棵柏树正随强风飘摇的场景。背景中的树木形成了螺旋状，甚至有点抽象的图案。这个富有冲击力的构图灵感来自日本版画，版画很适合被用来表现截断的树木。凡·高非常崇敬日本艺术家，他收藏了几百幅木版画，且视为珍宝。对欧洲人而言，日本版画看起来大胆奔放，还带有点异国风情。

《精神病院花园和蒲公英及树干》（*Garden of the Asylum with Dandelions and Tree Trunks*，图26）是凡·高在精神病院中完成的最后几幅作品之一。画中场景是他入住精神病院约一年后的春天，遍地的花

左上图

图24：《精神病院花园一角》，1889年11月，布面油画，74厘米×92厘米，埃森（Essen）福克旺博物馆（Folkwang Museum）（F660）

左下图

图25：《精神病院花园中的树》，1889年9~10月，布面油画，64厘米×59厘米，个人收藏（F640）

对页图

图26：《精神病院花园和蒲公英及树干》，1890年4月，布面油画，73厘米×92厘米，奥特洛库勒-穆勒博物馆（F676）

蕊准确地表现出了花园越来越生机盎然的样子。画面的构图并没有出现天空的部分，而是被风格化的松树树干衬托着，松树的树皮显得十分夸张。画面上方的一条小道若隐若现，延伸了观者视线，使人浮想联翩。

凡·高在一封后期从精神病院寄给提奥的信中画了一张《精神病院花园和蒲公英及树干》的草图，这是他对这幅作品感到满意的证据。在同一封信中，他将这幅画描述成“松树的树干是粉蓝紫色的，草地上还有一些白色的蒲公英和其他花朵，背景中有一小丛玫瑰及另外三个树干。”[22] 凡·高的蓝紫色在此也褪成了蓝色。

圣保罗花园就像一个避风港，或一个隐居地，凡·高在此可以暂时忘记被收容的事实。他或许更愿意将时间花费在这里——在他喜爱的树木和花草间享受着户外的宁静，并将这些东西转化成他最绚烂的作品。

《工作室的窗户》细节图，阿姆斯特丹凡 · 高博物馆（文森特 · 凡 · 高基金会）

第三章：精神病院里的生活

如果这里能办一个展览就好了……
这么多空着的房间、巨大的走廊。[1]

刚进入精神病院，凡·高就用艺术家的眼光向提奥描述了自己的卧室："我有一个小房间，房间里有灰绿色的纸和两条水绿色的窗帘，窗帘上布满了用血红色线条营造出的富有活力且暗淡的玫瑰图案。这些窗帘可能是一个颓废的、死去的富人留下的，不过窗帘上的图案很好看。我猜想屋子的主人可能还留下了一张已经破损的扶手椅，上面盖着的织锦是带有迪亚兹或蒙提切利风格的斑点装饰。"[2]凡·高提及的这两位艺术家是他非常欣赏的19世纪法国画家：纳西斯·迪亚兹（Narcisse Diaz）和阿道夫·蒙提切利（Adolphe Monticelli）。

对凡·高来说，阅读极其重要，而破损的扶手椅正好可以为他提供舒适的空间，他能坐下来阅读大量文献。凡·高受过高等教育，会使用四门语言：法语、德语、英语、荷兰母语。他从阿尔勒带过来或家人给他寄的书包括：伏尔泰、龚古尔兄弟、阿尔丰斯·都德、爱弥尔·左拉的法语小说，以及翻译成德文的挪威人亨利克·易卜生的戏剧。

凡·高甚至在圣保罗阅读了完整的莎士比亚英文原著——这真是卓越。提奥寄了一本1000页的莎士比亚选集给他，凡·高对此回应说："它能让我回顾自己了解的简单英语——最重要的是这本书太优美了。"他还提道，"触动我的是"莎士比亚的语言"从几个世纪之外直达我们内心"。[3]由于阅读了莎士比亚的作品，凡·高随后又想要阅读荷马的著作。凡·高的几个病友，甚至是病院的一些员工，也都曾考虑过阅读翻译后的荷马史诗。

虽然精神病院对病人们夸耀说有图书馆，但护士只是在这里放了一些没什么文艺素养的书籍和宗教册子。提奥时不时地会给凡 · 高寄些书或杂志。[4]然而，凡 · 高应该还是发现很难找到合适的书刊来消磨时光。[5]

凡 · 高喜欢在卧室给弟弟写信。人们常常认为他们经常通信，但实际上凡 · 高只给提奥写了36封信，而提奥则小心翼翼地保留着这些信件。凡 · 高犯病时无法写作，如果他状况不错，大约一周会写一封信。但考虑到凡 · 高在晚上有大量的时间，通信又是他和外界联系的主要方式，因此这个书信来往的数目并不算多。在巴黎工作繁忙的提奥则基本上两周会给凡 · 高写一封信。[6]

凡 · 高还时常会在房间一边休息一边构思画作——他总会预想、准备之后的作品。正如他在黄房子所写的："最美丽的画作是叼着烟斗躺在床上构思出来的。"[7]每当夜晚来临，他就会躺在床上思考一天所作——并计划着明天该如何继续完成作品。

凡 · 高的卧室位于男宿舍楼的东侧，卧室的下方是一片常出现在其画作中的麦田（图15）。由于凡 · 高通常会用俯视的角度来描绘麦田，因此我推断他的房间应该是在二楼。大多麦田画都包括了左侧的墙壁，这也意味着卧室的位置是在男宿舍楼侧边的尽头。不仅如此，从卧室的窗户，我们还可以眺望远处的小教堂。[8]

凡 · 高留下的有关卧室的画作只有两张窗户素描（图27）。[9]艺术家用厚重的线条强化了令人压抑的铁栏杆。在素描本的这一页，他还画了两只奇怪的鞋和脚（或许是他自己的），这张图很可能是他犯病被禁足时在房间里画的。

凡 · 高很幸运，他在楼的北侧拥有另一个用来作画的房间。在他入住后不久，他曾告诉提奥："那儿有30多个空房间——我有另一个可以作画的房间。"[10]这个世外桃源就在他喜爱的花园上方，如果他想在室内作画，还可以来此"隐居"。几个月后，凡 · 高告诉母亲安娜："我从早到晚、日复一日、从不停歇地作画，我刻意把自己关在工作室中，以免分心。"[11]

在《工作室的窗户》（*Window in the Studio*，图28）中，艺术家"邀

图27：《窗户和脚》（*Studies of a Window and a Foot*），1890年3～4月，黑色粉笔画，24厘米×32厘米，阿姆斯特丹凡·高博物馆（文森特·凡·高基金会）（F1605v）

请”我们步入了这间工作室。画作强调了凡·高与外界和自然间微弱的联系。让人感到惊讶的是，尽管画于10月，天空的色彩却反映出了当时宜人的气温，窗户被关得严严实实的。也许是强风将他困在了室内，抑或是他想强调和外界隔离的感受，不过无论何种理由，室内的氛围、赭色和灰色的使用都与窗外鲜活的色彩形成了对比。

凡·高简朴的工作室可能只包含一张桌子、一把椅子、一个画架。床沿上摆着各种瓶瓶罐罐，里面可能还装有稀释油画颜料用的松节油或干净的画笔。由于窗户是向内打开的，所以窗台上基本放不了任何东西，看得出艺术家为了营造适合绘画的场景，将这些物件都做了精心的布置。桌上放了更多的绘画材料：两个可能用来装管状颜料的盒子、一个更高的用来装画笔的容器。

图28：《工作室的窗户》，可能作于1889年9～10月，黑色粉笔和被稀释得很薄的油画颜料，62厘米×48厘米，阿姆斯特丹凡·高博物馆（文森特·凡·高基金会）（F1528）

墙上挂了四张凡·高的画，右边两张可以明显看出是镶了边框的。[12]其中，上方的画作描绘了两个树干间的一棵柏树，这幅画极有可能就是《精神病院花园中的树》（图25）。下方的作品可能是《星空》（*Starry Night*，图49），画中左边粗糙的线条是弯曲的柏树，右下方的弧形阴影是阿尔皮耶山，天空中间的五条痕迹是螺旋状的云朵，右上角的弧形则暗示着月亮。会有这样的猜测，还有一个重要的因素，即《精神病院花园中的树》和《星空》的画幅尺寸与这两幅画作十分吻合。

虽然凡·高博物馆的专家们最近提出凡·高的工作室其实位于男宿舍楼一楼[13]，但这张画作明确显示了画室在二楼（图28）。画中的窗户外有一半都是天空，而一楼几乎只能看见一片绿色。最有力的证据还是窗户的高度，画中的窗户由三块玻璃组成，顶部呈半圆形，请注意，这是二楼才有的窗户，一楼的窗户更高，且在半圆形顶部下有四块玻璃（图29）。[14] 由于二楼房间的光线更好，还是观察花园的好地点，因此二楼的房间确实更有利于凡·高创作。[15]

除《工作室的窗户》外，凡·高还画了两张精神病院的室内画。此前人们一直以为这几张画是水彩作品，直到近期修复员们才发现它们其实是用稀释过的油画颜料画的。[16] 凡·高没有在寄给提奥的信中提及这些作品，因此可能不像一些专家认为的那样，文森特将这几张画送给了弟弟，告诉弟弟精神病院究竟是怎样的，而是将它们留在了自己身边。[17] 这些画或许是他在研究油画时没有完成的初步尝试，又或许是他本来想送给精神病院员工们却没有送出的礼物。

由于这三张画没有出现在信件中，哪怕画作的色彩显示作画时间是在初秋（凡·高常在此时使用赭色），其年代也已经很难判断。凡·高在10月8日就用完了画布，直到24日才补上，这意味着这些作品很可能是凡·高在10月中旬画在纸上的。[18]

与他温馨的工作室画作相比，《精神病院走廊》（*Corridor in the Asylum*，图31）则表现了一楼北侧的一整条长廊。[19] 在画作的右下角，我们可以隐约看到通往二楼凡·高工作室的台阶。画中只出现了一个人物，这个人很可能是凡·高的病友，他正在步入能够俯瞰花园的房间。画作最动人的部分还是悠长的走廊，它足足长达100米。这个隧道一样的

Façade d'une partie du quartier des Messieurs.

图29：男宿舍楼正面（东侧），1866年，印刷品

图30：《精神病院门厅》，可能作于1889年9～10月，黑色粉笔和被稀释得很薄的油画颜料，62厘米×47厘米，阿姆斯特丹凡·高博物馆（文森特·凡·高基金会）（F1530）

部分可能会让人感到压抑，却也激发了凡·高的无限遐想。他写道：如果能把这栋建筑移到别处，那么这个“大走廊”将会是绝妙的艺术展览空间。[20]

走廊的中部可以通向《精神病院门厅》（*Vestibule in the Asylum*，图30）中的大厅，大厅的门外是一片绿意盎然的景色和一处圆形的喷泉（图21）。一张绿色的、裱有画框的画斜靠在室内的墙面上，画中描绘的似乎就是花园的景色。门拱下方可能是一组画稿，也可能是一张没有画框的作品。这些作品的出现反映了凡·高希望在宽敞的走廊两边挂上画作的想法。

除了这些高格调的室内画作，凡·高也画过房间朴素的一角：《壁炉边的椅子》（*Chair by a Fireplace*，图32），即门厅右边的一个房间。这个地方被称作“chauffoir”（温暖的公共空间），是少数几个能舒坦地度过寒冬的地方之一。凡·高在画作中表现了炉火旁的一把椅子，并在右侧用铅笔轻描了另一把椅子。壁炉台上放着一小盏煤油灯，那么微弱的灯火在夜晚的时候只能提供些许的光亮，并没有实质性的作用。窗户的左边是一条嵌入下方墙面的长椅。这番悲伤的场景、毫无人气的样子，可以追溯到20世纪20年代文学、艺术作品对大多数房间的描述：“被固定在墙上的长椅围绕，被花园上方的窗户照亮。”[21]

凡·高竟然只画了一张描绘圣保罗建筑外观的作品，即《精神病院和教堂风景》（*View of the Asylum and Chapel*，图33）。他在卧室下方的麦田里架好画板，看向钟楼的墙面和周边绵延的建筑，哪怕是在他的时代，隐修院的小教堂和回廊也已经是旅游胜地；但是，古老的建筑却很难引起他的注意，他只在一定的距离外画了这些东西。

图31：《精神病院走廊》，可能作于1889年9～10月，黑色粉笔和被稀释得很薄的油画颜料，65厘米×49厘米，纽约大都会艺术博物馆（F1529）

图32：《壁炉边的椅子》，1890年4～5月，铅笔和黑粉笔画，33厘米×25厘米，阿姆斯特丹凡·高博物馆（文森特·凡·高基金会）（F1511）

《精神病院和教堂风景》也经历了一番波折。1963年，伊丽莎白·泰勒（Elizabeth Taylor）收藏了这幅画，并将之挂在停泊于伦敦泰晤士河的卡丽兹玛（Kalizma）游艇上。后来，德国犹太裔收藏家与作家玛格丽特·毛特纳（Margarete Mauthner，她编辑了有关凡·高信件的书籍，并在20世纪30年代之前一直拥有这张画）的子孙声称这幅画被纳粹掠夺，玛格丽特·毛特纳的继承人认为这张画是被纳粹强制拍卖的，但美国高等法院驳回了他们的索赔诉求。这张画最终在2012年作为影星伊丽莎白·泰勒的遗产被拍卖，并拍出了1000万英镑的高价。[22]

图33：《精神病院和教堂风景》，1889年秋，布面油画，45厘米×60厘米，个人收藏（F803）

《有松树的精神病院风景》细节图，巴黎奥赛美术馆（Musée d' Orsay）

第四章：精神病专家

医生的想法……

又比那些艺术家实际或可靠多少呢？[1]

19世纪晚期，圣保罗是法国较先进的精神病院之一。以现代的眼光来看，奠基人路易斯·梅屈兰也是一位拥有先进理念的医生，尤其是他为病人建立大型花园让他们亲近自然的治疗方法，以及他采用的通过音乐和舞蹈进行治疗的方法。[2]梅屈兰医生热爱视觉艺术，尽管没有画作存世，但他曾因"既是优秀的艺术家，又是杰出的医生"而声名烜赫。[3]一位作家曾在一篇虽为虚构但相对尊重事实的文章中，将这位医生的家描述为"墙壁挂满了画作，起居室堆满了书、乐器和花瓶"。[4]

精神病院甚至还曾作为令人难忘的普罗旺斯景点而被写成韵文。诗人安德烈·泰弗诺（André Thévenot）把圣保罗形容为"新疯人院"（a new Bedlam，译者注："Bedlam"是时人对伦敦贝特莱姆皇家医院的谑称），这是将之"称赞"为刚迁往新址的伦敦贝特莱姆皇家医院（Bethlem Royal Hospital）。诗人在作品中回忆了自己遇到的一个女患者，这个患者用美妙的嗓音又唱又笑。泰弗诺抒情地写道："疯子，那个我喜欢的人——我们在开花的杏树和柏树下交谈。"[5]

尽管梅屈兰医生一直试图营造一个令人愉悦且有点文艺气息的环境，但由于当时的精神病学刚刚起步，人们对精神疾病和其疗法所知甚少。相对较少的精神病学家当时被称作"精神病专家"（alienists），负责研究精神病人（les aliénés）[译者注：原著中的"alienist"（精神病专家）一词是现在通用的"psychiatrist"（精神病专家）的早期称呼，"les aliénés"是法语"疯子"的意思，"aliénés"较为直观地指出了为什么会使用"alienists"称呼此类专家]。

图34：《有松树的精神病院风景》，布面油画，58厘米×45厘米，1889年9~10月，巴黎奥赛美术馆（F653）

1845年，梅屈兰医生去世，他的后人接管了这家私人精神病院，但此时病院开始走下坡路。[6] 1874年，法国政府下令调查国内的精神病院，视察员访问了圣保罗，发现由于资源缩减，这里的生活水平随之下降，食物“没什么花样”，更让人感到痛心的是，视察员还揭露了老年痴呆症患者床垫中的麦秆被“确确实实地换成了肥料”。[7]

同年的几个月前，泰奥菲勒·佩龙医生担任新院长。凡·高学者认为他之前是海军军医，后来又在马赛做眼科医生，从他的经历来看，似乎并不具有管理精神病院的资质。[8] 然而，30年前，泰奥菲勒·佩龙医生就曾写过关于麻痹性痴呆的论文，并将之与梅毒联系起来。[9]

事实证明，要改变圣保罗的状况真的很难。1884年，也就是凡·高到此五年之前，佩龙医生成了一本名为《十封精神病人的来信》（*Ten*

Letters from an Insane Person）的书的谩骂对象。尽管现在这本几乎快要销声匿迹的图书并未在扉页留下名字，但我们仍知道作者是爱德华 · 维里（Edouard Viry）——一位之前是公务员，后来被关在圣保罗一年的病人。[10]他没完没了的抱怨中包括自己被放在独轮车上被迫在精神病院周边移动的遭遇。[11]书中收入了九封维里的信件、十封佩龙医生的回信——因此维里的书名指代的并不是自己，而是在嘲笑医生患有精神病。

幸好，凡 · 高认为佩龙医生很和蔼可亲。最开始，凡 · 高是有点挑剔的，抱怨说正如精神病院“有点濒死的感觉，这个人对自己的工作也不太热情”。[12]然而，他们很快熟络起来，凡 · 高在六封信中提及此人“和蔼”。另外两封信中，他将这位61岁的医生称作“Père Peyron（佩龙父亲）”——这是对年长智者的尊称。[13]同时，医生每月会给提奥写信报告凡 · 高的病情，在去巴黎看世界博览会和刚建好的埃菲尔铁塔时，佩龙医生甚至还抽时间去拜访了提奥。[14]

佩龙医生拒绝成为凡 · 高的模特，因此凡 · 高从未画过他的肖像，不过他在《有松树的精神病院风景》（*View of the Asylum with a Pine Tree*，图34）中出现了。佩龙医生在画中是一个衣着考究的老年人，正以所有者的姿势站在北侧楼的门前。凡 · 高描述他为“患有痛风的小个子男人——几年前成了鳏夫——戴着深色的眼镜”。[15]凡 · 高此处的用词是“petit”（法语，“小的”），意指医生非常矮小，凡 · 高还很尖锐地提到了医生“巨大的肚子”——这在画中也有所反映。[16]

尽管凡 · 高不喜欢《有松树的精神病院风景》，但他还是将此画送给了医生。[17]凡 · 高当然也送过其他的作品给医生。医生的儿子约瑟夫（Joseph）后来声称在自己20岁时还和朋友将一组凡 · 高的画作当成练习的“靶子”。[18]他提到的朋友名为亨利 · 瓦内尔（Henri Vanel），后来成了钟表匠、摄影师、拥有众多凡 · 高画作的业余艺术家。[19]虽然这件事情很可能是杜撰的，但同时也反映了20世纪初凡 · 高的画作并不受人爱戴。可能由于画中有自己的父亲，约瑟夫收藏了《有松树的精神病院风景》，但随后他又将这幅画送给了当地作家玛丽 · 加斯凯（Marie

Gasquet）。[20]这幅画作保存相对较好，现在正安全地躺在巴黎奥赛博物馆。

加斯凯后来写道：她认为凡·高离开时留下了约20张画，但她拥有的作品是唯一保存下来的。[21]她可能在20世纪前10年卖出了《有松树的精神病院风景》这幅作品。至此之后，在圣雷米地区就没有任何凡·高的作品了。

除了佩龙医生，还有另一位医生负责看护凡·高。由于法国法律要求刚入住精神病院的患者要接受两名医生的检查，因此50岁的保罗·梅屈兰医生（Dr Paul Mercurin，病院奠基人的后代）成了凡·高的另一位医生。凡·高在一封信中曾提到有第二个医生告诉他有人——正如他自己的措辞"伤到了自己的耳朵"。[22]

尽管佩龙医生负责监管病院，但其实每天与凡·高接触最多的还是那些负责非医疗事务的护工。这些人的上司是58岁的夏尔·特拉比克，1884～1885年，他曾在严重的马赛霍乱中照顾过病患。凡·高曾感动地对提奥写道："他见过大量的伤亡，他的脸透露出耐人寻味的沉思。"[23]9月，凡·高画了夏尔·特拉比克和其妻子让娜的画像（图35、图36）。特拉比克穿着最体面的衣服，在画中看起来既严厉又坚决，这也反映出了他的职责所在。凡·高把特拉比克描述成"有点军人气息，一双深色的小眼睛充满活力"。[24]

让娜在画中穿着深色的衣服，衣服上有一支粉色的天竺葵，形象与特拉比克完全不同。凡·高认为她"40岁以上"，但实际上她当时已经55岁了。凡·高将她形容为"年老色衰，黑发，还带着点橄榄绿色的黑皮肤"。让娜是个"不幸的人，因为她一直在听他人差遣"。[25]尽管两幅画大小一样，却没有形成常规的一组画。通常情况下，独立的丈夫和妻子的肖像作品，从构图上讲，两人会面朝对方；而这两幅画中的人物不仅看向不同的方向，让娜还站在了离画家更远的地方，夏尔则明显坐着。凡·高将原作送给了这对夫妇，但很可能在1903年让娜去世后，画作便丢失了。现存的两幅作品是凡·高为提奥创作的复制品。[26]

上左图

图35：《夏尔·特拉比克肖像》（*Portrait of Charles Trabuc*），1889年9月，布面油画，61厘米×46厘米，索洛图恩艺术博物馆（Kunstmuseum Solothurn）（F629）

上右图

图36：《让娜·特拉比克肖像》（*Portrait of Jeanne Trabuc*），1889年9月，固定在木头上的布面油画，64厘米×49厘米，原属于奥托·克雷布斯（Otto Krebs），圣彼得堡艾尔米塔什博物馆（State Hermitage Museum）（F631）

夏尔和让娜住在离精神病院“几步之遥的小农舍”，有人相信《橄榄园中的农舍》（*Farmhouse among Olive Trees*，图37）描绘的就是他们的家。[27]它在通往圣雷米的道路旁，靠近罗马纪念碑，现在已变成了葛拉诺别墅酒店（Villa Glanum）。凡·高会时不时地在橄榄树丛中作画，与让娜聊天。除了修女，与凡·高接触最多的女性就是让娜。凡·高告诉提奥：“她并不认为我有病，不管怎样，如果你看见我作画，你可能也会这么说。”[28]

凡·高还认识了让-弗朗索瓦·普莱（Jean-François Poulet），25岁的圣保罗马车夫。普莱常会陪同艺术家在精神病院之外探索。一张没

图37：《橄榄园中的农舍》，1889年12月，布面油画，70厘米 × 60厘米，个人收藏（F664）

图38：让-弗朗索瓦·普莱（下右）和友人，1888～1890年，杜瓦尔（Duval）拍摄，圣雷米伊斯特恩博物馆（Musée Estrine）

有发表过的照片中出现了普莱和他的三个朋友（照片里的狗应该只是一个标本，因为活着的狗没法在如此长的曝光时间中保持同一个姿势，图38）。[29] 1890年1月，凡·高在信中提到他已经完成“一个马车夫的小画像，他想把这幅画像送给普莱的母亲”，普莱应该就是他的模特。[30] 不过马车夫的母亲可能并不喜欢凡·高为儿子所作的画像，这可能也是这张画像后来丢失的原因。几十年后，普莱回忆：他常会带着“文森特先生”到精神病院外作画，快到回程时，这位艺术家就会显得很恼火。他记得凡·高穿着工作服，看起来像个流浪汉，不苟言笑，可能甚至从没有微笑，语速也很快，还带有浓重的口音。在普莱的回忆中，凡·高是“一个好伙伴，虽然个性奇怪且沉默”，但“当他作画时，他会完全忘记自己承受的痛苦”。[31] 普莱活到了90岁，1954年在圣保罗去世。

图39：《园丁（让·巴拉尔）肖像》[*Portrait of a Gardener*（*Jean Barral*）]，1889年9月，布面油画，61厘米×50厘米，罗马国家现代艺术馆（Galleria Nazionale d'Arte Moderna）（F531）

由于普莱的回忆，我们现在能够知道凡·高在精神病院期间所作的最有名的肖像作品画的是谁了（图39）。这张画展现了一位表情和善的年轻人，他穿着亮色的衣服，自信地站在碧绿的林中空地上。背景是精神病院的花园，后方有缓坡和墙壁。人们一直认为这个年轻人是圣保罗的工作人员，到现在为止，人们猜测过他是园丁、农场主、农民、收割者或丰收者。[32] 根据普莱的孙子路易斯（Louis）在一份未发表的记录中的回忆，这个园丁和他的祖父是好朋友。据路易斯的描述，我们可以知道凡·高画中年轻人的名字是让·巴拉尔。[33] 其他研究显示，让·巴拉尔在1861年生于父亲的货运马车上，他的父亲来自圣雷米北边埃拉格的村庄，是一个制篮的行脚商人。

凡·高在精神病院的那年，让·巴拉尔28岁，这和肖像画中的年轻外形十分吻合。两年前，让·巴拉尔在圣雷米结婚的时候，他描述自己的职业是“农民”，这也解释了这幅肖像画的常用标题。[34] 除了耕种土地，让·巴拉尔同时兼职担任圣保罗的园丁，因此他总能看见艺术家在作画。据说凡·高也画过让·巴拉尔的父母——让·皮埃尔（Jean Pierre）和玛格丽特·巴拉尔（Marguerite Barral），但这些画作都已遗失。[35] 不幸的是，这张画后来于1998年在罗马国家现代艺术馆被人持枪偷走，不过几周后又被艺术宪兵（Carabinieri art squad）找到，当时画作被藏在博物馆附近的一所公寓的床下，用毯子裹着。

在肖像画中，让·巴拉尔看上去就是典型的充满活力的年轻人，但实际上悲剧一直萦绕着他。1890年5月10日，他的妻子生下了他们的第一个孩子，一个名叫阿德林（Adeline）的女孩，但在五天后，这个可怜的女孩便夭折了。她去世的第二天正是凡·高要离开的前一天，凡·高应该是知道这个令人悲伤的消息的。

精神病院的精神领袖是65岁的阿伯特·欧仁·德·塔米西耶（Abbot Eugène de Tamisier，图40），他可能是护工，也有可能是牧师。有一次，凡·高在不透露其姓名的前提下告诉提奥自己去到了护工的家里，他很欣赏护工母亲伊丽莎白（Elisabeth）的画像。[36] 这张肖像画可能已经

左图
图40：阿伯特·欧仁·德·塔米西耶，19世纪80年代，A.阿诺（A.Arnaud）、迪涅（Digne）拍摄，本书作者收藏

上图
图41：圣保罗的一位修女，约1950年，明信片

丢失，但从尚存的照片可以看到，肖像画描绘的是一位机警的女性，两束大卷发遮住了她的耳朵。凡·高去过牧师的家，意味着二者应该是朋友。

尽管凡·高刚20岁就成了福音派新教徒，但由于想法不同，他后来拒绝加入组织化的基督教，还因此和牧师特奥多鲁斯（Theodorus）对立。凡·高在精神病院可能很少或者甚至没有踏入过小教堂的门槛，也从未在信件中提及它。[37]

塔米西耶在诗歌和韵文中歌颂过圣保罗的女护工，“上帝谦逊的圣女们抚慰着苦难人的忧虑”。[38]精神病院的女护工是来自圣约瑟夫（Saint-Joseph）修会的修女[39]，她们负责照看女病人，并为男宿舍楼的病人准备晚餐，为他们洗衣。尽管凡·高曾称她们为隐修女（nuns），但实际上她们是天主教修女（Catholic Sisters），不必过隐修的生活。

修女会的院长罗西纳·德夏内尔（Rosine Deschanel），47岁，人们一般称她为显现修女（Sister Epiphane，图42）。[40]无疑，修女需要万事为病人着想，但对凡·高而言，由于他反对系统性的宗教和天主教，因而在穿着修道服的女性间，他分外不自在（图41）：“一直看见那些相信着露德圣母（Virgin of Lourdes）的善良姑娘令我难受。”提奥很理解哥哥的难处，他回信说在精神出问题的时候有一群修女在身旁“并不会让人平静下来”。[41]

1896年佩龙医生过世后，显现修女不得不负责起更多的日常事务，以保证精神病院的正常运营，直到1932年她过世。显现修女不像其他修女那样会为凡·高的艺术作品感到震惊或恐慌，她的想法更开放，包容度也更高。她对凡·高提出的要求和邀请表示接受及认可，并将凡·高的画挂在了公共休息室，不过她的伙伴们却对这个提议表示质疑。显现修女生动地回忆了艺术家的厚涂技法，凡·高画作的表面就像是“燕子的巢”——用一层又一层的泥巴堆积起来。[42]在她的回忆中，凡·高“礼貌、顺从、温和、举止体面”。[43]

图42：显现修女（罗西纳·德夏内尔）和凡·高研究专家雅各布-巴尔特·德·拉·菲力在精神病院花园，20世纪20年代中期，照片

《暴风雨后的麦田》细节图，丹麦国家美术馆（Statens Museum for Kunst），长期租借给哥本哈根新嘉士伯美术馆（Ny Carlsberg Glyptotek）

第五章：麦田

透过铁窗，我隐约看见了一块被围起来的方形麦田……

早晨，我能看见灿烂的太阳从麦田上升起。[1]

我想凡·高一定能透过卧室的窗户欣赏到极好的普罗旺斯景致——从正下方的麦田到远处的山丘一览无余。凡·高到此后不久便高声惊叹："多么美丽的土地，多么美丽的蓝色，多么美丽的太阳。"[2]凡·高卧室窗户正下方被围住的区域原本是要作为另一个花园供病人使用的，但在一个世纪以前，花草被换成了麦田。

在给妹妹维尔的信中，凡·高写道："我，孑然一身，需要看看麦田。"[3]提奥刚结婚不久，乔快要生产了，而凡·高却没有自己的家庭，因此他向自然寻求安慰。对他而言，麦田象征着生命的循环，有着重要的含义。他曾说："人的故事和麦田的故事是一样的，要经过'碾磨'才能被做成'面包'。"[4]

凡·高最终创作了14张以上描绘麦田的画作和同等数量的草图。[5]他的这些画作是在不同季节、不同时间、不同天气下完成的；论及绘画风格，这些作品可谓是画家在圣保罗期间作品的缩影。凡·高在创作的时候，并不会将注意力拘泥在地形描绘的准确度上，或许他太熟悉这片景致了吧，他任意放纵着自己的想象力在纸上驰骋。[6]

凡·高第一张关于麦田的作品是《暴风雨后的麦田》（*Wheatfield after a Storm*，图43），这幅画很可能是受到了1889年5月15日那场倾盆大雨的启发。[7]逐渐成熟的麦子打着旋儿落在地上，如同一片狂怒的大海，和天边打着旋儿的云彩遥相呼应。由于采用厚涂法，凡·高有力的笔触宛如正在演绎着一支舞蹈。凡·高曾对提奥描述道："我看到一片

图43：《暴风雨后的麦田》，1889年6月，布面油画，71厘米×89厘米，丹麦国家美术馆，长期租借给哥本哈根新嘉士伯美术馆（F611）

麦田，正在被大雨摧毁，倒在地上。”他为提奥描述了这张画：“边界的墙面、远处几株橄榄树上灰色的树枝、小屋和山丘。最后，在画的上方，一团巨大的花白云朵沉浸在蔚蓝的天空之中。这风景真是简洁到极致。”[8]我想，这片景致一定完全激发了凡·高的想象力，促使他完成了后面一系列的相关作品。

到了6月丰收的时候，凡·高再次画了这个主题，还在画中加上了一位收割者。由于对这张画十分满意，三个月后他又用更抽象的手法画了两张相似的作品。凡·高把丰收看作有特殊意义的事情，他告诉提奥，收割者“在一天最好的时刻像魔鬼一样疯狂地辛勤劳作着”——他还认为这一主题让他想起了死神和其可怕的任务。[9]

图44：《收麦者》，1889年9月，布面油画，74厘米×92厘米，阿姆斯特丹凡·高博物馆（文森特·凡·高基金会）（F618）

但在一份更加乐观的记录中，凡·高也将收集麦子的过程看作永恒的轮回——丰收之后的一年，又会生长出新的庄稼。他为提奥解释丰收“在日间进行，太阳的金光照射在万物之上”。他唯一悲伤的记录是对提奥的一番题外话，“我是通过监狱的铁窗来观察收割者的”。[10]

《收麦者》（*Reaper*，图44）是后两幅画作中较大的那幅，展现了农民在烈日下挥舞镰刀的场景。之前的凡·高作品，天空大多是黄色的，后来则慢慢变成了绿色，从而使太阳更加显眼。信写到一半，凡·高就回到了画布前，第二天他又开始写信，释然地感叹：“哦——收割的人终于完工了。”[11] 由于对这张画无比满意，凡·高还提出这张画非常适合用来装饰提奥和乔在巴黎的住所。

图45：《有小麦捆和月亮的麦田》，1889年6月，布面油画，72厘米×92厘米，奥特洛库勒-穆勒博物馆（F735）

凡·高在《有小麦捆和月亮的麦田》（*Wheatfield with Sheaves and Rising Moon*，图45）中采用了非常不同的表达方法，将画面分成了横向的两部分，这样画面就会更具装饰性、更平面化。尽管天空的橙色圆盘看起来和太阳很像，但凡·高明确指出它表示的是“上升的月亮”——当月亮处在地平线附近时，会略带橙色。[12] 凡·高还为整个画面加上了略带粉紫色的笔触，体现出月亮的银色光芒。这些笔触现在都已近乎褪成白色，给人一种古怪的摇曳感。

《有小麦捆和月亮的麦田》画于7月中旬丰收之后，通过画面，我们可以看到捆好的小麦都已经被堆叠起来，正在晾干。[13] 不仅如此，我们还能推算出凡·高作画的准确时间：由于满月到达阿尔皮耶山这个位置时

图46：《雨》，1889年11月，布面油画，74厘米×93厘米，费城美术馆（Philadelphia Museum of Art）（F650）

应该是7月13日晚上9点08分，[14] 因此，凡·高应该是在睡前看见了这轮月亮，他在次日早上在画室里完成了这幅作品，又或者是花了几天才完成。

在表现秋天的绘画中，土地往往是耕过的，即将要播种。10月31日，大雨倾盆，凡·高在此后的几天中完成了另一张麦田画作。[15] 在《雨》（*Rain*，图46）中，凡·高用斜线布满了整个画面——这是日本艺术家非常喜爱的创作手法，惟妙惟肖地表现了瓢泼大雨打在窗下风景上的戏剧感。

《日出时的麦田》（*Wheatfield at Sunrise*，图47）似乎很难再唤起人们更大的情绪波动，尽管这幅画作于11月中旬的初冬，《雨》完成的两周之后。不过《日出时的麦田》万花筒般的明亮色彩暗示了作者乐观的

图47：《日出时的麦田》，1889年11月，布面油画，72厘米×91厘米，个人收藏（F737）

态度。正如凡·高告诉维尔的："这是我最温和的画。"他还向维尔描述了他的构图："犁地留下的仓促线条向画面的高处伸去，隐约指向背景中带紫色的山丘。"[16] 由于对画作非常满意，凡·高后来选择了这幅画去参加第二年的布鲁塞尔展览和巴黎展览。[17]

冬天来了又去，春天回归后，这片风景焕发了生机。《绿色的麦田》（*Green Wheatfield*，图48）展现的是同一个场景，但这次麦田是被绿色细浪般的新鲜嫩芽覆盖了，给人一种生机勃勃的感觉。前景中，一丛丛红色罂粟和百花交织，与翠绿的色调形成鲜明的对比。《绿色的麦田》画于1890年5月上旬，此时距离凡·高离开病院只有几天的时

图48：《绿色的麦田》，1890年5月，73厘米×92厘米，个人收藏，苏黎世（F718）

间。[18] 从某种意义上来说，这张画代表了他对风景的告别，这些风景曾支撑凡·高度过在圣保罗的艰难岁月。想到这位孤独的艺术家曾无数次透过卧室的铁窗观察着每个季节的变换，真令人感到酸楚。

凡·高把他的作品比作农民的耕种——播种、培养、收获。他写信给长期居住在荷兰乡间的母亲，告诉她自从来到普罗旺斯，他看起来就像一个农民。他还说："我在画布上耕种，就好像农民在田里劳作一样。"[19]

《星空》细节图，纽约现代艺术博物馆

第六章：星星

今天早晨我透过窗子看到了田野，太阳还远远没有升起，

天空中只有启明星，它看起来非常明亮。[1]

在入住圣保罗后的一个月左右，文森特写信给提奥说："我有一片'星空'。"[2]早在一年前的阿尔勒时期，凡·高已有描绘星空的想法，当时他开始构思"有柏树的星夜"。他在阿尔勒时曾反问过朋友贝尔纳："我什么时候可以画星空……那幅总在我脑海中的画？"[3] 1888年10月，凡·高完成了《罗讷河上的星空》（*Starry Night over the Rhône*）[4]，画中一对恋人正在河边漫步，阿尔勒海滨步道上的灯光反射在深色的河水里，画面的上方是大熊座。但是艺术家一点都不想把这个主题讨论得过于透彻，从他后续的作品来看，他有了更具野心的想法。

在一封写给维尔米恩（维尔）的信中，凡·高详细说明了表现夜景的难处。他写道："夜晚的色彩比白天更丰富，因为它拥有最浓的蓝紫色、蓝色和绿色。"他力劝妹妹仰头看向天空，并告诉她"那里的一些星星是柠檬黄的，还有一些是粉红的、绿的、勿忘草蓝的"，他总结道："画星空远不只是把白点洒在蓝黑色的背景上那么简单。"[5]

到达圣保罗后不久，凡·高描述了他在日出前看见的金星，他用"非常明亮"来赞美他在田野上看见的金星。春末，凡·高要很早起来才能赶在天空过亮前看到金星，不过他乐此不疲。凡·高还提到他崇拜的画家们，如夏尔·杜比尼（Charles Daubigny）和西奥多·卢梭（Théodore Rousseau）也都画过有星空的景色，创造了"平静且雄伟"的场景。[6]

图49：《星空》，1889年6月，布面油画，74厘米×92厘米，纽约现代艺术博物馆（F612）

在观察金星的两周后，1889年6月15～16日的周末，凡·高开始充满激情地作画，到周二时，他就已经完成了《星空》（图49）。[7]凡·高充分利用了提奥寄来的颜料，用一层层厚涂的方式完成了画作。[8]颜料在凡·高着手创作前一周才寄到，其中包括了两个主要的颜色：几乎铺满天空的群青和能够突显月亮的钴蓝，[9]这使得这张画有着极为和谐的蓝色。凡·高还购买了六支大管的白色，他肆意地挥霍着颜料，仅九天就将它们全部用完了，而其中不少是用在这张画上的。[10]文物修复员们发现由于时间的关系，画上的白色已经变暗，因此原作应该更加鲜活亮丽。[11]不可避免的是，凡·高作品的色彩正随着时间的流逝而出现褪色的现象，这无疑会影响人们对他画作的色彩认知——他的作品其实是更具视觉冲击力的。

尽管凡·高可以在天黑后到户外去绘制阿尔勒的天空[12]，但《星空》实际上是他白天在工作室里完成的，表现了艺术家对夜空的记忆，同时也加上了他的想象。一年前，凡·高在阿尔勒写信给贝尔纳，告知他自己很后悔没有画出更多记忆中的画面："必须要提升想象力，唯有想象力才能让我们创造出对现实而言更升华、更美化的自然……"他随后又给出了一个例子，"星空……就是我想尝试的主题"。[13]

在《星空》的地面部分，村庄和高耸的教堂灵感基本来自圣雷米。虽然凡·高无法从卧室或工作室里看见教堂，但他可以通过餐厅的窗户或在精神病院的外面远眺教堂。[14] 在圣保罗的第一个月，凡·高被关在精神病院中，直到他构思《星空》的前一周，也就是6月7日，他才终于被允许探索美丽的乡村风光。凡·高在采风的时候常会随身携带一本素描本，每每看到心仪的景色，便记录下来，《圣雷米风景》（*View of Saint-Rémy*，图50）就是他在素描本上绘制的速写作品。画作展现了从罗

图50：《圣雷米风景》，1889年6月，纸面铅笔画，24厘米×32厘米，阿姆斯特丹凡·高博物馆（文森特·凡·高基金会）（F1541v）

马纪念碑附近的精神病院入口俯视圣雷米的景象。《圣雷米风景》很可能是《星空》的前身，但凡·高其实并没有在后来的油画中精确地描绘过此处的风景。

在油画《星空》中，凡·高对圣马丁教堂（Church of Saint-Martin）的尖顶做了夸张处理，将圆顶（图51）变成了斜顶，使它看起来更友好、温馨。教堂边的房子和圣雷米的实景也并不相像，因为画中只出现了十几所建筑，而实际上当时圣雷米镇中心的建筑超过100所。画中的窗户透着点点灯光，意味着有人居住，而远处明亮的、夸张的灯光则很好地平衡了上方星空的黄色。柏树相较于村庄而言更像是主要的地面风景，它和《麦田》（*Wheatfield*，图70）中更大的柏树遥相呼应，后一张画应该是凡·高开始绘制《星空》的那个周末完成的。凡·高细腻地抓住了向上生长的柏树的各种扭曲形态——它们向上的趋势为地面和天空建立了有力的视觉联系。不仅如此，更为低调的橄榄树将整个村庄紧紧环绕，其银色、蓝绿色的叶子在月光下闪闪发光。

《星空》的背景是阿尔皮耶山的剪影，不过在现实中这座山应该位于另一个方向，如果艺术家面朝小镇的话，那么山就应该处于他的背面。仔细观察，我们会发现凡·高将一周前创作的《暴风雨后的麦田》（图43）中的山尖移到了《星空》中。而将阿尔皮耶山画成醒目的蓝色，凡·高估计是参考了高更大胆的色彩建议："看在基督的份上，山要是蓝色的，然后再加一点蓝色。"[15]有趣的是，凡·高喜爱的阿尔丰斯·都德的小说《阿尔卑斯山的戴达伦》（*Tartarine sure Lese Alpes*）就是将阿尔皮耶山描述成"地平线上的蓝色波浪"，正如《星空》中一样。[16]

《星空》中最主要的部分是在山的上方，那一片躁动的夜空。一弯新月像在黄色的圆形光晕中震动一般，从某种程度上讲，它又如一轮太阳。不过，月亮的光芒并没有像往常一样照耀小镇，因为教堂似乎是被反方向的光源照亮的。当凡·高开始作画时，他在蓝色背景上留下了十颗星星的位置，但是文物修复员们却发现多数情况下为了创造更大胆的构图，凡·高将星星的边界延伸到了蓝色之上，因此他画出的星星要比预想的更大一些。[17] 山丘上方的白色部分则很可能代表了云朵或雾气，但艺术家或许本来是想将其暗示为银河的。

横跨天空中间的部分是画面中最惊人的地方，螺旋状的颤动笔触穿越了整张画布，令整个场景更富有强烈的动感。凡·高可能还联想到了大海，他曾花了一整年的时间在卡马格（Camargue）地区的圣玛丽海滨（Lese Saintes-Maries-de-la-Mer）行走。他更有可能是受到了葛饰北斋《神奈川冲浪里》（*Thee Greate Wave*，图52）的影响，凡·高非常欣赏这位艺术家，也曾高度赞赏这幅作品的极富冲击力的画面表现。[18] 在版画中，浪花比富士山的顶端还要高，而在凡·高的作品中，螺旋状的笔触猛烈地朝坡度较为平缓的阿尔皮耶山涌去，更令人震撼。值得一提的是，两幅作品都使用了蓝色和白色。

一些天文学家曾调查过凡·高在构思这张画时观测到的景象。[19] 在6月15日，周六的夜晚，那个他构思出《星空》的夜晚，当晚9点多天就已经黑了，将满的月亮约在90分钟后从东边升起，照亮了下方的村庄，月亮升起的位置几乎就是凡·高卧室窗口朝向的位置。然而，尽管画中的月亮有着一圈圆形的光晕，但凡·高表现的却是一弯新月。

画面中最有力的“星星”正好位于下方柏树的尖端，这颗星星很可能就是金星，它是月亮升起后天空中最亮的星。两周之前，凡·高曾为金星感到震撼，但是在他画《星空》的时候，金星应该只有在凌晨3点左

图51：从南部郊区看到的圣雷米风景，约1910年，明信片

图52：葛饰北斋，《神奈川冲浪里》，1831年，木版印刷，26厘米×38厘米，阿姆斯特丹荷兰国家博物馆（Rijksmuseum）

右才会出现在天空的边缘，因此这个时间点它并不会在凡·高卧室的窗前出现。不过亮度次之的木星则可以在夜晚被观测到，并且它会在月亮的附近出现。

银河可能是夜晚东边的天空中最显眼的部分，它就在凡·高的窗前，但是它应该像拱桥一样横跨天空，而不是像这幅画表现的仅仅位于阿尔皮耶山之上。一年前，凡·高曾充满激情地提到银河的“蓝白色”，他在圣玛丽海滨停留时曾在沙滩上看到这种颜色。[20]

由于凡·高对美的不懈追求，我们不难想象他会用数个小时从圣保罗卧室的窗户抬头凝视夜空。凡·高夜晚的活动很少，用煤油灯看书又很困难，加之几乎没有人工光源，因此夜晚群星灿烂的天空，使凡·高无比陶醉。尽管《星空》花费了凡·高不少的观察时间，但它其实描绘的并不是某一个具体的时刻。

一些评论员曾试图找寻艺术家文艺气息的灵感来源。凡·高热爱阅读美国作家沃尔特·惠特曼（Walte Whitman）的作品，惠特曼当时就有一系列用星空作为标题的诗，如《从正午到星空》（*Frome Noon toe Starrye Night*）。[21] 凡·高在阿尔勒完成《罗讷河上的星空》的前一个月，曾要求维尔阅读惠特曼的作品，他认为惠特曼生动地描述了“满是星星的苍穹”。[22] 凡·高年轻时也常回想起英国作家迪娜·马洛克·克雷克（Dinah Mulocke Craik）的一句诗："当所有的声音都停止，我们就可以在星空下听到上帝的声音。"[23]

纵然世人对《星空》有着无尽解读，但画作名称的含义依然难以让人理解——正如多数不朽之作一样。《星空》的重点可能在于凡·高认为夜空唤起了人们对永恒、无尽和死后的畅想。他早已不再热衷于宗教，而只是在向苍穹寻求舒适和慰藉。

凡·高在前一年的夏天曾用美丽的言辞表达过自己的想法，他曾在阿尔勒写过："星空的景色让我想到地图上简单的黑点，这些黑点代表着城镇和村庄，它们令我畅想。就在我们前往塔拉斯孔或鲁昂的路上，我们好像是在带着死亡前往下一颗星……活着的时候我们不能去星星之上，这就和我们死后不能坐火车一样。"艺术家随后将霍乱和癌症等疾病形容为"星辰的移动"，他总结道："平静地老死就好像是在步行前往目的地一般。"[24]

在完成《星空》的时候，凡·高很矛盾自己最满意的作品究竟是哪一幅。尽管他曾轻蔑地将此画称为"习作"，但他好像又把这张画挂在了工作室墙上显眼的位置（图28）。他意识到这张画标志着他风格的转变，他也曾提醒提奥自己的构图可能会有些"夸张"，而非真实的写照。[25]

《星空》被送到巴黎后的几个月，提奥小心翼翼地批评了这张画，他评价其"对风格的追求掩盖了事物本身的情感"。提奥的反馈令凡·高焦虑不已，他不久后向贝尔纳提过这张画代表了"撤退"，认为"我又一次允许我自己画出了如此大的星辰"。[26]

《星空》后来的命运如何呢？凡·高在1889年9月将画作寄到巴黎，一年后由于提奥去世，这张画和其他作品都遗留给了乔。《星空》在十年内没有被展出过，所以当时只有少数人见过这幅作品。

有趣的是，这张画在很早前就曾为第一部由凡·高人生改编的文学作品带去了灵感。1891年早期，作家、评论家奥克塔夫·米尔博（Octave Mirbeau）应该在巴黎见过这张画，因为他在之后的凡·高作品回顾中称，作品反映了这位荷兰人"对天空疯狂的喜爱，令人眩晕的星星旋转着，摇摇欲坠，还扩展成了彗星的尾巴”。[27]

米尔博后来在1892～1893年出版了小说《空中》（*Danse le Ciel*），小说主要讲述了一位名叫吕西安（Lucien）的潦倒艺术家的故事。在小说中，吕西安会把树画得“歪歪扭扭”，而风景则被安排在了“如旋涡一样的星辰下”，还有“令人眩晕的月亮让星空看起来就像嘈杂的舞会会场”。[28] 小说的结尾处，艺术家用钢锯锯掉了自己的右手并死去。小说表达了天才和疯子的一步之遥。

由于在凡·高逝世后的50年中，《星空》都是私人藏品，因此它极少展出[29]，也从来没有过彩印的版本，正因如此，没有多少人会关注到它。1900年，乔把这张画和另外两张凡·高的画作卖给了象征主义诗人朱利安·勒克莱尔（Julien Leclercq）。次年，勒克莱尔在巴黎组织了“艺术家回顾展”，这次展览首次展出了《星空》[30]，勒克莱尔和艺术家埃米尔·舒弗内科（Emilee Schuffenecker）一起组织了这次展览，现在尚不清楚这幅画当时属于谁，不过到1906年，画作的所有者又变成了乔。乔后来以1000荷兰盾（约80英镑）将《星空》再次卖给了画商。[31]

1907年，乔吉特·凡·斯托尔克（Georgettee vane Stolk），一位鹿特丹的妇女，买下了《星空》。她将作品挂在温室里，这样做的好处是可以使画作避免日光和潮气的伤害。[32] 1936年，凡·斯托尔克提出将

图53：画商的《星空》索引卡片（有照片和注释），8厘米×13厘米，纽约保罗·罗森贝格画廊（Paul Rosenberg Gallery），1938年，现存于纽约现代艺术博物馆

《星空》卖给纽约现代艺术博物馆，但是对方无法支付她所要求的10万荷兰盾的价格。[33]

两年后，凡·斯托尔克用同样的价格把这张画卖给了巴黎画商保罗·罗森贝格（Paule Rosenberg，图53）。[34]作为犹太人，罗森贝格日愈感到纳粹的威胁，1940年，他终于从被占领的法国逃走，经过西班牙和葡萄牙到达美国。尽管他收藏的大多数作品都被纳粹掠夺了，但他却成功带走了凡·高的画作。如果罗森贝格没有成功带走《星空》，那么这张画的命运很有可能会和《精神病院花园铺着常春藤的树》一样，被纳粹夺走后无影无踪。

1941年，纽约现代艺术博物馆终于收藏了《星空》。人们通常认为这幅作品是用1931年逝世的杰出现代艺术收藏家莉莉·布利斯（Lillie Bliss）的遗赠买到的，但实际上它却是换得的。博物馆将三张布利斯的藏画捐赠给了罗森贝格，包括塞尚（Cézanne）的《扶手椅上的维克多·肖凯肖像》（*Portraite ofe Victore Choquete ine ane Armchair*）和《水果与美酒》（*Fruite ande Wine*）以及图卢兹-劳特雷克（Toulouse-Lautrec）的《穿粉色衣服的梅·贝尔福》（*May Belfort in Pink*）。[35]《星空》是纽约现代艺术博物馆收藏的第一张凡·高作品，尽管当时它还无甚名气，但这幅作品却在艺术领域拥有着不可磨灭的影响。

凡·高本人从来没有把画作称为"星夜"（starry night），而是简单地将之称为"星空"（starry sky）（译者注：画作的常用名"starry night"原指满是繁星的夜晚，凡·高对这幅画的称呼则是"starry sky"，指满是繁星的天空）或"夜间习作""夜间效果"。提奥将之称为"月光下的村庄"，也许提奥认为这是一幅风景画，而不是一张描绘星空的作品。[36]凡·高过世后，大家一般将这幅画称为"星辰"（The Stars），直到1927年在鹿特丹展览时，它才获得了《星空》（*Starry Night*）这个更加浪漫的名字[37]，它无疑和《向日葵》一样，已经成为最受欢迎的凡·高作品。

《道路修理工》细节图，华盛顿菲利普斯收藏馆（Philips Collection）

第七章：墙外

外面的蝉不停地鸣叫着，它那尖锐的叫声比蟋蟀的叫声要大得多，
烈日下的草地已经变成了美丽的金黄色。[1]

凡·高自入住圣保罗起就开始焦急地等待着走出精神病院探索和绘画周边风景的许可。同时，他还请求提奥给他补给："我想要偶尔出去看看城镇周边，因为现在正是花开的季节，你知道的，这个季节会带来别样的颜色，请给我寄五米长的画布吧，这需要这个尺寸的画布来绘画。"[2]

1889年6月9日，佩龙医生向提奥报告，凡·高在过去的几天内外出寻找了"适合观赏乡村风景的位置"，不过都是由护工全程陪同的。[3]对于风景画家来说，圣保罗的选址是再好不过的，仅仅五分钟，凡·高就可以走入橄榄树丛的深处，远眺壮丽的阿尔皮耶山。树丛间零星地散布着几座农场，欢迎着外部世界偶然前来的访客。我们可以从一张现存的版画中了解到圣保罗确实是一个适合绘画的地方（图54）。[4] 画面右边长长的建筑物一侧的二楼曾是凡·高的卧室，它静静地俯视着这片普罗旺斯的田园风光。

佩龙医生看见凡·高的进步，很欣慰，凡·高还被允许于7月7日在护工（可能是特拉比克）的陪同下前往阿尔勒。在离开阿尔勒的两个月后，凡·高回来访问了他之前的邻居，包括经营车站咖啡馆（Café de la Gare）的约瑟夫·吉努（Joseph Ginoux）和玛丽·吉努（Marie Ginoux），以及曾负责打扫的泰雷兹·巴勒莫兹（Thérèse Balmossière）。[5]

与此同时，凡·高在橄榄树丛和山丘之间度过的第一个月，绘制了许多作品。在绿意盎然、鲜花盛开的春季探索新的地点着实激发了他的

左图
图54：从东北偏东方向看到的圣雷米风景，1866年，版画，7厘米×10厘米

下图
图55：《罂粟田》，1889年6月，布面油画，71厘米×91厘米，不来梅艺术馆（Kunsthalle Bremen）（F581）

灵感。《罂粟田》（*Fields with Poppies*，图55）是凡·高的早期作品，画面展现了墙内麦田之外的风景，为了得到更好的艺术效果，凡·高对麦田的地形做了调整和改变：刻意提升了透视线，剪去了天空部分，让人

们的视线聚焦在农田补丁般的图案上。四散的红色花朵和各种绿色形成鲜明对比，给人一种生机勃勃、富有朝气的感觉。

几周后完成的《阿尔皮耶山和棚屋》（*Les Alpilles with a Hut*，图56）是凡·高在途经罗马纪念碑并通往小丘山口的道路上完成的。这是凡·高唯一的阿尔皮耶山近景作品，他采用了大量似乎不停旋转的扭曲形式画了这张画。尽管凡·高是在炎热的仲夏完成这幅作品的，但他解释说他的灵感其实来自瑞士作家爱德华·罗德（Edouard Rod）刚出版的小说，爱德华曾指出"山间居住的人的木屋又小又黑，难耐冬季的严寒"。[6]凡·高后来用这张画换了一张他在阿尔勒认识的比利时画家——欧仁·博赫（Eugène Boch）的作品。[7]

图56：《阿尔皮耶山和棚屋》，1889年7月，布面油画，72厘米×91厘米，纽约所罗门·R.古根海姆博物馆（F622）

图57：《采石场前的路》（*Entrance to a Quarry*），1889年7月，布面油画，60厘米×75厘米，阿姆斯特丹凡·高博物馆（文森特·凡·高基金会）（F744）

圣保罗的南部有着大量罗马时期遗留的采矿场，这些矿场为葛拉诺（Glanum）的村落提供了石头；一千多年后，人们用这些石头修葺了隐修院。几个世纪的开采导致石灰岩上出现了不少空洞，这奇妙的场景深深吸引了艺术家的注意。可惜的是，凡·高在7月绘制诺埃石矿（Noé quarry）的时候，第一次在圣保罗爆发了精神疾病。他虽然迷失方向，但仍然带着未完成的石矿风景回到了精神病院。

一个月后，凡·高终于恢复了，他回信给提奥："亲爱的弟弟，我又一次崩溃了……在那个有风的天气，在我画到一半的时候。不过，我会将画邮寄给你，因为我最终还是完成了它。"[8]《采石场前的路》（图57）描绘了艺术家从林间看到的石灰岩上赭石色的空洞。值得一提的是，

图58：《野生植被》，1889年6月，铅笔和墨水画，47厘米×62厘米，阿姆斯特丹凡·高博物馆（文森特·凡·高基金会）（F1542）

这张画的构图很奇特——在画中，我们只能看到地平线上的一小块天空；密史脱拉风（译者注：mistral，法国南部主要出现于冬季的寒冷强风）可能正咆哮着，穿过岩石的间隙。

这幅画最开始完全是抽象的，尽管采石场边绿树的螺旋形线条可能会引起幽闭感。凡·高在9月将画作寄给了提奥，同时他还在信中提到他非常喜爱这张画，因为“深绿色和赭石十分搭配，两者之间还有着某种合适且悲伤的东西”。凡·高提到的“清醒的”色彩很容易让人联想起他的早期绘画作品。[9]

几个月后，凡·高又一次去采风，他朝着戈西埃山（Mont Gaussier）的方向，攀登着陡峭的佩罗莱斯山谷（valley of Les Peiroulets），这个

图59：《溪谷》，1889年10月，布面油画，73厘米×92厘米，波士顿美术博物馆（Museum of Fine Arts）（F662）

地方就在精神病院西南边一公里。他在那儿画出了《溪谷》（*Ravine*，图59），这张画表现了岩石间向下湍流的溪水。激流的上方，两个女人正在从陡峭的山谷一侧向上攀登。两年后这里需要建水库，人们在上游建起了水坝，这幅壮丽的景色也因此消失殆尽。

凡·高认为溪谷有着一种"美妙的忧伤"的特质。尽管密史脱拉风如此强劲，但他仍然坚称"在一片你必须要把画架藏在石间，且不让风将所有东西都吹到地上的野外作画，很让人愉悦"。[10] 近来，人们在画的表面发现了一些植物纤维，甚至还有小树枝，这可能是由强风导致的。[11] 画作主要运用了蓝色、紫色和绿色，采用了抽象的表达形式，赋予了溪谷一种更为缥缈、捉摸不定的感觉。[12]

高更在1890年3月的巴黎独立艺术家协会（Société des Artistes Indépendants）展览上见到了《溪谷》，他认为这张画“美极了，令人印象深刻”。[13]他曾询问凡·高是否愿意和他交换这张画，凡·高也深感荣幸地接受了他的请求。1894年，高更第一次从塔希提岛（Tahiti）返回时，这张画被挂在了他巴黎的公寓里，画的侧面还挂了两张凡·高在巴黎画的向日葵。[14]

2007年，通过X光和立体显微镜检测，人们发现《溪谷》下方还有一张画。[15]隐藏的画作是《野生植被》（*Wild Vegetation*），它展现了阿尔皮耶山崎岖山尖上的大量鲜花。人们一直以为《野生植被》是荷兰阿姆斯特丹凡·高博物馆的藏品，但这一发现证实了现存于阿姆斯特丹凡·高博物馆的《野生植被》（图58）只是一件复制品，在业内引起轰动。尽管有此发现，被隐藏的《野生植被》仍无法还原其真实面貌以示人。

为什么要在《野生植被》上作画呢？其原因和提奥拖拉地从巴黎寄来画具有关，当时凡·高早在收到画具的几天前就已经没有了补给。无奈之下，他选择在《野生植被》上又开始新的创作，完成了《溪谷》。他曾将《野生植被》的画稿给提奥看过，我们可以推断凡·高是很喜欢这张画的。不过，他用另一张风景画来覆盖这张画的做法，不管是无奈之举，还是有意为之，在很多年后的今天看来，仍然令人震惊。我还有一种猜测，即凡·高这样做只是为了画出更加壮丽的景色。

凡·高也外出画了《桑树》（*Mulberry Tree*，图60），这是他认为“最好”的秋季画。“燃烧”的树叶仿佛要跳出画布一般。凡·高这样对维尔评价自己的作品：“茂密的枝叶相较于透蓝的天空和背景部分阳光下白色、多石的土地，显得更加富丽堂皇。”[16]卡米耶·毕沙罗（Camille Pissarro）非常赞赏这幅画。凡·高过世后，提奥用这张画换了一张毕沙罗的作品。[17]

凡·高一直在尽力逃出精神病院的束缚，他向往着精神病院外更广阔、更多元的风景。由于需要外出许可，他向提奥抱怨道：“这种不太

左图
图60：《桑树》，1889年9月，布面油画，54厘米×65厘米，帕萨迪纳（Pasadena）诺顿·西蒙博物馆（Norton Simon Museum）（F637）

对页图
图61：《道路修理工》（第一版），1889年12月，棉织物上的油画，74厘米×92厘米，克利夫兰艺术博物馆（Cleveland Museum of Art）（F657）

自由的环境常会阻止人们去做无论如何都要做的事情。要有耐心，你会这么告诉我，耐心真的非常必要。”[18]

凡·高在精神病院时有三分之一的时间是可以在外作画的。[19]人们常常认为他需要一位护工陪同，但事实并非如此。有时他好像会走很长的路，大约20公里，而护工则不太可能有如此多的时间和精力长途跋涉。[20]凡·高独自前往过阿尔勒，这也可能是他被允许独自前往精神病院周边采风和写生的证明。[21]

一公里外的圣雷米是一个小镇，镇中心到环形的林荫大道只有1500左右的人口。[22]凡·高可能没怎么前往过这个小镇，也没有多少证据能证明他在此停留或经常光顾某家咖啡馆。[23]实际上，他从精神病院寄出的62封信中几乎都没有提到过圣雷米。[24]

不过，凡·高曾向提奥简要介绍了自己第一次前往圣雷米的场景，那是在他入住精神病院的前一个月：“有一次，我去了村庄——那次有人陪同。仅仅是看了当地人和事一眼，我就觉得自己好像要昏厥过去，非常难受。”[25]这种不舒服的感觉意味着凡·高在嘈杂的环境中很没有安全感。奇怪的是，他四次回到阿尔勒，都没有类似的感觉，而阿尔勒是一座更大的城镇，也是他遭受邻居非议的地方。

凡·高从来没有在圣雷米的镇中心绘画过，正如他在阿尔勒时一样，对他而言，乡村风光比城市风光更有吸引力。承受路人的评论和凝视对他而言是一种考验。圣雷米唯一能够吸引他眼球的就是环形的林荫大道，道路的两边矗立着令人印象深刻的大树。

作家爱德蒙（Edmond）和朱尔斯·德·龚古尔（Jules de Goncourt）在四年前参观了小镇，他们好奇为什么没有艺术家对这里的悬铃木感兴趣，还评论道："没有一位风景画家想要画一张这里的林荫大道。"[26] 龚古尔的这篇日记没有发表，因此凡·高并不知情，不过凡·高的日记确实强调了林荫大道会吸引有艺术气息的人。

凡·高先后画了两张《道路修理工》（*Road Menders*），表现了路面整修时的乱象。人们也许会好奇为什么要把这么杂乱的道路加入画面，

但不可否认，结实的树下忙碌的人们为画面带来了动感和生机。凡·高把自己在同一地点画的第一幅画（图61）描述为：“村镇的景象——人们在此工作——在巨大的悬铃木下修理路面，因此有成堆的沙石，还有巨大的树干、正在变黄的枝叶以及零星的房屋正面和小人。”[27]人们通常认为这幅画表现了东部大道[Boulevard de l' Est，现在的米拉博大道（Boulevard Mirabeau）]的一段[28]，根据同时期的市政档案记录，当时确实是在重新铺设这一段道路。[29]

凡·高又将画布用完了，在绘制第一张《道路修理工》时，因为没有画布可用，他竟然使用了制作茶巾的材料。[30]这张薄棉布的一面印有红色菱形的图案，而画家更是出其不意地将内容画在了这一面上。由于他最开始并没有在棉布上铺设一个底色，因此我们可以看到画面上一些小

图62：《道路修理工》（第二版），1889年12月，布面油画，74厘米×93厘米，华盛顿菲利普斯收藏馆（F658）

的区域只上了很薄的一层颜料或甚至根本没有颜料。凡·高可能想试着留下一部分若隐若现的图案以创造更生动有趣的效果，又或者他只是随意地画了一张备用的油画草图而已。

画完第一张《道路修理工》后，凡·高接着在画室画了第二张《道路修理工》，他将其称为“复制品……更加完善的作品”（图62）。[31] 的确，第二张画有着更鲜艳明亮的色彩，并且表现了更加确定的人物形象，同时凡·高还在画面最右侧添加了一些工人，这也反映了画家观察的方式。在第二张作品中，由于与路灯相邻的一楼窗户和护窗被画家稍微向右做了移动，因此路灯相对于黄色的墙壁会更加显眼。提奥告诉凡·高，自己更青睐于工作室中完成的那一幅，因为“没有使用太多的厚涂技法”。[32]

《道路修理工》说明了凡·高有时会因为想要尝试改变风格而创作两张一样的作品，他可能会先画一张充满创意和新鲜感的“习作”（study）。随后又在工作室里完成一张“复制品”，并在复制品上提炼之前的内容——运用更强烈的色彩和考量过的笔法，使画面的效果更具装饰性和感染力。凡·高描述过绘画的心路历程：“户外，在风的吹拂和阳光的照耀下，在路人好奇的目光中，人们往往会用自己熟悉的方法去作画，并将颜色不顾一切地填满画布；然而很少有人去思考，其实发现事物真实本质的一面才是最困难的。”在这个基础上，我们可以通过“不断复制、安排笔触、精心布局”，以创造出“和谐宜人”的作品。[33]

图63：《橄榄树丛和阿尔皮耶山》细节图，纽约现代艺术博物馆

第八章：橄榄树丛

如果你在一年中的这个时节看见了橄榄树……
一定能感受到它传递出来的亲切、古老的感觉。[1]

凡·高在完成《星空》（图49）的那周，还完成了一张有阳光的作品——《橄榄树丛和阿尔皮耶山》（*Olive Trees with Les Alpilles*，图63）。他致信提奥时曾描述过他在这两张画中都用了“扭曲”的线条和“夸张”的构图。[2]两张画的后方均出现了山丘，采用了蓝色、绿色和白色，同时还添加了一些亮黄色。乔在1906年将这两张画分别出售给了两个买家，这组白天和黑夜的作品自此分开。不过最终两幅作品又因机缘巧合被纽约现代艺术博物馆收藏，使人们终于能同时欣赏到这两幅优秀的画作。[3]

《橄榄树丛和阿尔皮耶山》是一张动人的作品，凡·高采用充满动感的强烈笔触，表现了密史脱拉风吹来的场景。他喜欢在作品中表现风的样子，这样能让画面更鲜活。前景中赭色的土地以螺旋状呈现出不同浓度的色彩，扭曲的绿色带状物则可能代表了一条小径。扭曲的树干上长出的嫩芽使这片古老的橄榄树丛看起来宛如舞蹈。戈西埃山的山顶出现在了画面的右边，左边是德图地区（Les Deux Trous，译者注：此法语地名的意思是“两个洞”）特殊的岩石构造。细窄的山顶由于受到侵蚀，留下了两个巨大的空洞[它们也出现在了《阿尔皮耶山和棚屋》（图56）画面中间的地平线以上，虽然并不明显]。蔚蓝的天空上，细长的云朵不禁让人想起《星空》中如海浪般腾起的浮云。

凡·高被橄榄树那泛光的树叶和古老、扭曲的树干深深吸引了。他在《橄榄树丛和阿尔皮耶山》中表现了正午的场景，“绿色的甲虫和蝉在热浪中不停飞舞”。[4]画家是在一次外出写生中完成这幅画的，地点

图63：《橄榄树丛和阿尔皮耶山》，1889年6月，布面油画，73厘米×91厘米，纽约现代艺术博物馆

就在离精神病院不远的地方，从精神病院出发向南走几分钟便能到达。凡·高并不知道这片橄榄树丛很可能就建在罗马古镇葛拉诺的废墟上，该废墟直到20世纪20年代才重见天日。这个遗迹主要来自公元前260年，当时的居住者们弃用了遗迹内的圣水，而后又移居并建立了圣雷米。

画完有阿尔皮耶山的风景（1889年6月）后的几天，凡·高画了《橄榄树丛》（*Olive Grove*，图64），他用完全不同的方式又一次画了这个主题。从构图上看，画作分为两个部分，下方是黄褐色的土壤和深色的树干，上方是泛光的树叶和青绿色的天空。蓝紫色的阴影制造出了波浪线图案的效果。相较于之前较长的笔触，凡·高用较短的扭曲笔触描绘了树叶，使画面更加精致。接着，他用和土地一样卷曲的线条在作品中签上大名，这意味着他对此感到非常满意。

图64：《橄榄树丛》，可能完成于1889年6月，布面油画，72厘米×92厘米，奥特洛库勒-穆勒博物馆（F585）

橄榄树丛成了凡·高此后在精神病院时期的主要绘画题材。病院周围满是橄榄树，特拉比克的农舍边也有几株。橄榄树能大量产出橄榄油，橄榄油又可以用来生产肥皂。橄榄树丛是普罗旺斯的典型风景，对北方的居民而言，这番场景可能极具异域情调。由于橄榄树叶易反光、常绿，凡·高把这些枝叶描述为“银色的，有时又更蓝一些，有时是绿色的、古铜色的、白色的”。[5] 在凡·高的年代，许多树木都已经生长了几百年，粗糙的树干正是它们长寿的证明。在圣保罗期间，凡·高一共画了16幅有关橄榄树丛的画作。[6]

季节从夏季更替到秋季，然而凡·高依然探索着这个主题，他的作画方式也越来越风格化。在《橄榄树丛》（图65）中，树木、阴影和裸露的地面形成了近乎装饰性的图案。2017年，堪萨斯城（Kansas City）

图65：《橄榄树丛》，可能完成于1889年9月，布面油画，73厘米 × 92厘米，堪萨斯城纳尔逊–阿特金斯艺术博物馆（F711）

纳尔逊–阿特金斯艺术博物馆（Nelson-Atkins Museum of Art）的专家们有了重大发现：画作上嵌入了一只蚱蜢。多倍放大后，修复员玛丽 · 谢弗（Mary Schafer）在前景的下方发现了这只昆虫，它在画面中间靠右的位置，用肉眼几乎是看不见的，唯有通过现代设备，人们才有机会见到这只蚱蜢。[7]

谢弗没有在昆虫旁边的颜料上发现被动过的痕迹，如果这只不幸的蚱蜢曾试图逃离黏着的表面，那么它应该不会这样长期地"待"在画面中。因此，谢弗得出的结论是昆虫被粘在颜料中了，且被粘住的时候它就已经死了，当然它也可能是被风吹到画布上的。无论哪种推断，都证实了凡 · 高是在林间作画，而非工作室中。

图66：《橄榄树丛》，1889年11月，布面油画，73厘米×92厘米，阿姆斯特丹凡·高博物馆（文森特·凡·高基金会）（F707）

几周过去了，天气渐凉，但这完全没有削弱凡·高画橄榄树丛的积极性。他选择用两种截然不同的色调来表现相同的题材，以继续自己的绘画实践。其中一张作品（图66）由三条横向的棕色和三条蓝绿色的带状图案构成，描绘了秋天的景色。[8] 另一张作品（图67）虽然是11月画成的，却让人想起了仲夏的热浪。风情万种的橄榄树丛位于戈西埃山的山尖之下，被黄色天空中一轮有着巨大光晕的太阳照亮。根据太阳光的照射方向，树木的阴影应该是垂直的，凡·高却不知为何将其处理成了朝右的方向。

凡·高的橄榄树丛画作中几乎没有人，但在四张表现秋收场景的作品里都加入了人的元素。四张中有三张是类似的，包括女收割者们稳稳地

站在人字梯上的场景，这是非常具有普罗旺斯特色的一幕（图68）。第一张完成于户外，较为朴实；第二张相对抽象；第三张更加简洁。[9] 在第四张（图69）中，凡·高将场景渲染成了粉红色，不过随着时间的推移，天空已经褪成了偏白的颜色。保管员们发现画布的边缘还有些许深粉色的痕迹，这很可能是画框遮住了画布的缘故，挡住了光线的直接照射。

这幅《收橄榄的女士们》（*Women Picking Olives*）是为母亲安娜和妹妹维尔画的，他们已经四年没有见面了。尽管他们曾面临过无数家庭问题，但凡·高在圣保罗明显感到与她们更亲近了。凡·高尝试着给母亲和妹妹送一些画，一来修复他们的关系，二来他还想强调他虽然进入了精神病院，但他的绘画生涯仍在继续。在完成《收橄榄的女士们》之前，凡·高就已经非常满意地给高更寄送了这幅画的草图，高更也称自己非常喜爱这一作品。[10]

整个秋季，凡·高都通过信件与高更和贝尔纳讨论他们画的基督被钉死在十字架上的前一天在喀西马尼园（Gethsemane）橄榄园中的场景。高更寄来了一张小草图，贝尔纳寄来了一张照片，但凡·高对这两张作品嗤之以鼻，因为他认为二者描绘的橄榄树从都不符合现实。凡·高厌恶高更的画作，而贝尔纳也“可能从没见过橄榄树”。[11] 凡·高相信风

对页左图
图67：《橄榄树丛》，1889年11月，布面油画，74厘米×93厘米，明尼阿波利斯艺术中心（Minneapolis Institute of Art）（F710）

对页右图
图68：橄榄丰收，约1920年，明信片

右图
图69：《收橄榄的女士们》，1889年12月，布面油画，73厘米×90厘米，纽约大都会艺术博物馆（F655）

景画应当“入乡随俗”。[12]

前一年，凡·高曾在阿尔勒两次尝试画有宗教意义的橄榄树园。在第二次尝试中，他决定采用这样的构图：背景是“星夜”，基督的服饰多采用深蓝色，而天使则用柠檬黄来表现。[13] 由于找不到扮演基督的模特，凡·高对两张画中的基督形象都不满意，他最终销毁了这两张作品。尽管圣保罗周边的橄榄树丛让凡·高再次燃起画基督的热情，但这次要找到合适的模特更难了。佩龙医生并不支持让病人或员工做肖像画的模特，这一点也不难理解，精神病院的院长怎么会允许病院中的疯子被画成基督呢?

当凡·高终于从圣保罗离开时，他回顾了自己画过的橄榄树丛，感到自己已经竭尽全力记录下了季节的变换：“当古铜色的植物变得更成熟，天空就会变得更绚烂，还有绿、橙相间的条纹；到深秋，树叶会变成有点类似于成熟的无花果的蓝紫色调……”变换中的季节也会创造出不同的场景。在阵雨之后，他曾看见天空“是粉红色和亮橙色的”，阳光则落在“银绿色的树叶上”。[14] 正如麦田一样，普罗旺斯的橄榄树丛也为凡·高提供了可以不断探索的主题。

《麦田和柏树》细节图，伦敦国家画廊

第九章：柏树

令我魂牵梦萦的柏树啊，我想要像描绘向日葵一样地描绘你，
因为竟然没有人画出过我眼中的你。[1]

凡·高认为柏树不论外形还是比例都非常优美，“就像是埃及的方尖碑”。[2]从他卧室的窗外望去，可以看见田野周边一排用来挡风的树丛。在凡·高能够外出写生后，他曾近距离地研究柏树，钻研柏树扭曲的形态，正是这种形态让柏树能够灵活、有力地对抗密史脱拉风。

柏树不仅拥有夸张的外表，还有着很强的象征意味，这更引起了艺术家的兴趣。柏树通常代表着死亡和哀悼，由于基督教的传播，墓园中开始大量种植这种寿命可以达到几百岁的常青树，以此来代表生命的永恒。圣雷米周边就是因为有当地最古老、最高大的柏树而闻名。[3]

凡·高将柏树和向日葵做了类比，他认为深绿的树叶和明黄的花瓣是一组完美的对比。长寿的柏树会让人想起死亡和永生，而色彩鲜艳、转瞬即逝的向日葵则代表着人生的欢愉。凡·高写道，要处理好这两个主题，需要“在一定程度上有着对美好事物的灵感”。对于画柏树所面临的困难，凡·高再了解不过了。他告诉提奥：“要画自然，就必须要在自然里待很长时间。”[4]

凡·高在1889年6月的《麦田》（*Wheatfield*，图70）中第一次画了柏树，画中的两株柏树都位于田野周边的农舍附近，而并不是他窗下的柏树，另一片柏树则处在更远的地方。在《柏树》（*Cypresses*，图72）中，凡·高将焦点放在了树的本身；同时，他还使用了日本版画的技巧，裁去了更高的柏树的上端，用笨重、扭曲的笔触表现了柏树的中间部分。凡·高通过在树叶上添加更浅的绿色，让其焕发了生机。《柏树》作于

图70：《麦田》，1889年6月，布面油画，74厘米×93厘米，布拉格国家美术馆（Národní Galerie）（F719）

《星空》后的几天，相较《星空》，《柏树》更加谦逊、更具装饰性，它描绘了布满卷曲状云层的天空下的阿尔皮耶山脊。不仅如此，一弯巨大的新月还不合时宜地出现在了明亮的日间场景中。

《麦田和柏树》（*Wheatfield with Cypresses*，图71）是凡·高精湛的风景画之一。它反映出凡·高很快就掌握了柏树的画法。金色麦浪主导了前景，几支猩红的罂粟花令麦浪更富生机。一些橄榄树被“困在”了麦浪之中，不远处则是一株颜色更深的柏树。[5]

冬天就要来了，凡·高告诉提奥，自己“非常想要像画橄榄树那样画山和柏树”。他认为英国市场更能接受这些柏树的作品。他写道：“我知道那儿的人们想要什么”，这可能来自两年前他在巴黎与艺术商人亚历山大·里德（Alexander Reid）对话后所得的信息。[6]几周后，凡·高重

图71：《麦田和柏树》，1889年6月，布面油画，73厘米×93厘米，纽约大都会艺术博物馆（F615）

申“要知道画更多的柏树和山对普罗旺斯有多么重要”。[7]

1890年1月，阿尔伯特·奥利埃（Albert Aurier）出版的第一版《法国信使》（*Mercure de France*）杂志刊印了第一篇对于凡·高艺术的评价，评价中就提到了《柏树》。奥利埃在文章发表前一个月曾拜访过提奥，以见识凡·高的作品，并希望可以更多地了解凡·高的生活。提奥复印了发表的文章，寄给凡·高，这封信自然也经过了佩龙医生的办公室。尽管佩龙医生并不喜爱凡·高的作品，但他对自己的病人能成为巴黎期刊上一篇长文的主角印象深刻。

对凡·高而言，这篇文章让他喜忧参半。他曾向母亲和妹妹维尔解释：“当我听说我的作品稍获成功，并读到那篇文章的时候，我甚至立马感到我会后悔，因为在画家的生命中，成功总是最坏的事情。”[8]这番

图72：《柏树》，1889年6月，布面油画，94厘米×74厘米，纽约大都会艺术博物馆（F613）

话竟出自一位一直为卖不出画而苦恼的画家，真是令人惊讶，但这也显示出凡·高思想丰富的一面。

奥利埃在文章中指出，凡·高的树木“像正在较量的巨人一样扭曲”，并且“柏树像黑色火焰的可怕剪影一样向上耸立着”。[9]这句话可能指的是《柏树》（图72），奥利埃应该和提奥一起看了这张画。尽管凡·高对是否要引人注目仍感到矛盾，但他还是被奥利埃的文章打动了，决定送一张修改过的柏树作品给奥利埃。

凡·高赠送了另一张6月完成的柏树画作给奥利埃，它和奥利埃赞赏过的作品有点类似。可能是为了创造更加生动的构图，凡·高在画面中增加了两位女性人物。在《有两位女性的柏树风景》（*Cypresses with*

Two Women，图73）中，画中的角色穿过了一片卷曲的花丛，和参天的大树相比，花丛显得非常矮小。值得一提的是，画中再次出现了深色的柏树和色彩鲜艳、转瞬即逝的花朵的对比。

凡·高在给奥利埃的信中提到礼物的事情，并解释说柏树“是普罗旺斯的典型风景”。凡·高还承认自己在描绘自然时会有眩晕的感觉，从而导致他“两周都无法绘画”。当提奥收到转交给评论家的画作时，他回复凡·高，这张画“是你迄今为止最好的画，它就像孔雀的尾羽一样丰富多彩”。[10]

凡·高在圣保罗的最后几张画也和夜晚有关，《有柏树的道路》（*Road with a Cypress*，图74）是一张想象画。构图的中央有一株靠近道路的挺拔树木；画中有两个人，他们完成了一天的劳作，正准备往回走，其中一个人的肩上扛着铁锹；在他们的身后，是一对坐在小型马车里的夫妇；这些人后面的小柏树林之下还开有一家旅馆。画中的一弯新月、一颗被细浪般圆形光线围绕的明亮星星，以及最左边一颗更小的闪亮的星星，让画面完美且精彩纷呈。这个场景也纳入了大量的《星空》中的元素。

凡·高在后来给高更的信中画了一张《有柏树的道路》的画稿，他把自己的画称为“非常浪漫的，但也是极具有普罗旺斯风情的”。在圣保罗，凡·高可能完成了十几张深色、像火焰一样的树木，这些意象非常吸引他。他写道，《有柏树的道路》代表了他的“最后一次尝试”。[11]

图73：《有两位女性的柏树风景》，1889年6月和1890年2月，布面油画，92厘米×72厘米，奥特洛库勒-穆勒博物馆（F620）

图74：《有柏树的道路》，1890年5月，91厘米×72厘米，奥特洛库勒-穆勒博物馆（F683）

《叼着烟的男性画像》细节图，阿姆斯特丹凡·高博物馆（文森特·凡·高基金会）

第十章：同伴

雨天，我们待的房间
就像是某个不发达村庄中的三等候车室。[1]

到达圣保罗时，凡·高遇见了“如野兽般的各种各样的疯子”，这令他十分震惊。[2]凡·高因此心烦意乱，但凡·高的传记作者们却很少考虑到他生活在这群备受折磨的人中所受的影响。病人们会在花园、公共休息室、餐厅里围着凡·高，哪怕他在自己的房间或工作室里，也无法逃避病人们的咆哮和哀号。

维里撰写的《十封精神病人的来信》发表于凡·高入院的前五年，描述了刚入院的病人是如何被扔进病人堆中，并“很快染上其他病人的状态、举止和咆哮”的。[3]凡·高对此再了解不过了，他把精神病院的公共休息室（图32）比作火车站的三等候车室，不过，最让他震惊的还是他身边病人的无趣和迟缓。[4]

另一个公共场所是餐厅，艺术家不得不面对修女们和他不喜欢的食物。凡·高对修女们做的饭菜的描述是“有点霉味，就像是蟑螂为患的巴黎餐馆或寄宿学校的味道”。他会避开味道较重的菜，“只吃面包和一点汤”。[5]《盘子、碗和勺子》（*Plate, Bowl and Spoon*，图75）描绘了凡·高可怜的简单餐具。这张画是凡·高画在自制的素描本上的。为了避免病人用餐具伤到自己或他人，精神病院没有提供刀和叉，因此餐桌上也没有出现它们。

凡·高曾用粗俗的语言鄙视地描述了其他用餐者的行为：“这些不幸的人什么也不做（不读书，除了法式滚球游戏和国际跳棋什么也吸引不了他们），除了按时按量吃鹰嘴豆、扁豆、小扁豆、零食和殖民地的

左图
图75：《盘子、碗和勺子》，1890年3～4月，铅笔和色粉笔，20厘米×29厘米，阿姆斯特丹凡·高博物馆（文森特·凡·高基金会）（F1604r）

对页图
图76：《叼着烟的男性画像》，1889年10月，布面油画，57厘米×37厘米，阿姆斯特丹凡·高博物馆（文森特·凡·高基金会）（F532）

食品，他们无所事事。由于这些食物很难消化，他们就这样用廉价的食物填充了一天的生活。”[6]扁豆可能是圣保罗的主要食物，因为维里也曾在五年前于其他关于病院的小册子中抱怨过扁豆。他如是写道：“总是一样的食物，中午是扁豆和……晚上是……冷扁豆。”[7]

通过和同伴们在餐桌上的交流以及对同伴们的观察，凡·高很早就有画这些不同寻常的人的想法了，或至少画那些还能坐得住的病友。[8]佩龙医生虽有大权，但他只想让还算正常的病人为凡·高当模特。无论如何，到秋天的时候，佩龙医生似乎松了口，凡·高随即画了两个病友。

《叼着烟的男性画像》（*Portrait of a Man with a Cigarette*，图76）很容易被认为描绘的是一个独眼人，但实际上模特只是眼皮垂下而已，这是眼睑下垂的症状。模特能够将如此扭曲的脸展示在画中，真是需要莫大的勇气，尤其是在凡·高没有对其进行粉饰的情况下。也许和同样备受折磨的画家有着同病相怜的感觉吧，他大胆地将自己真实地展现在了画家面前。香烟上燃烧的橙色部分位于肖像画的正中间，和色调较深的画作形成了强烈的对比。

凡·高可能是在10月下旬完成这张肖像画的，他当时还告诉母亲，自己正在画“一个病人的肖像”。画中男性的服装表明画作不是在10月之前完成的。凡·高提到自己的病友时，曾谈及“很奇怪，当人们和他们相处一段时间，并习惯了他们之后，就不会认为他们是疯子了”。收

图77：《男性肖像》，1889年秋，布面油画，32厘米×24厘米，阿姆斯特丹凡·高博物馆（文森特·凡·高基金会）（F703）

到这堆寄到巴黎的画作后，提奥在回信中评论道："人物和他扭曲的脸庞"画得"很非凡"。[9]

令人感到不愉快的《男性肖像》（*Portrait of a Man*，图77）描绘了一位老病人，病人的衣服表明这张画完成于深秋或冬季。这张带有表现主义色彩的粗略画作给人一种放松自如的感受，特别是男子前额处潦草狂放的笔触，使原本瘦削的脸显得更加怪诞。由于看见了这幅画作，佩龙医生开始禁止病人们为凡·高当模特。尽管这张画在艺术创作上是失败的，且这幅作品很少展出、鲜为人知，但它却真切地反映了精神病院生活的现状。[10] 画中男子空洞的眼神透露出一种深深的忧虑和迷惑不解的感觉。

随着研究的不断深入，我们终于对凡·高的病友们的生活和精神状况有了进一步的了解，也知道了凡·高入院的那天病院里究竟有多少人。未公开的住院登记册记录了当时病院中共有18位男性（以及凡·高）和23位住在楼的另一侧的女性。[11]登记册还显示出当时的工作人员共有22人，其中包括10位修女、8位男员工、2位女员工、院长和医院社工。凡·高住院的一年中，又有2位男病人入院。

在此之前，从没有人提到过凡·高病友的名字，但由于发现了档案记录，大部分人现在都已有了姓名（图6）。我们甚至还能知道大部分病人的背景及症状，进而了解凡·高在圣保罗时期的生活情况和工作环境。[12]

凡·高刚住院的时候，让·雷韦洛只有22岁。来自马赛的雷韦洛在1887年入院，他被描述成"傻子"（这个称呼当时被用在智力水平低于3岁的人身上）。雷韦洛不会说话，根据医疗记录显示，当雷韦洛"因为一些琐事而采取暴力行为"时，他往往处在"过于激动的状态"下。[13]

凡·高曾不带姓名地指出有一位病人"只会用含混不清的声音回应他人"，这指的肯定就是雷韦洛。凡·高告诉提奥这个人只因"他不惧怕我"而回应自己，这也意味着凡·高曾尽力对雷韦洛示好。[14]不幸的雷韦洛一生都在精神病院度过，年迈后在病院中死去。

凡·高的其他病友还包括26岁的若阿基姆·雷内里（Joachim Raineri），若阿基姆于1889年2月入住圣保罗病院，即在凡·高入院之前的三个月。医疗记录中他的分类是"真的有自杀倾向的单狂患者"。[15]1891年的审查中没有若阿基姆，因此他当时可能是转院了，或是已经在病院中死亡。

76岁的安托万·希尔缅（Antoine Silmain）之前是上阿尔卑斯省（Hautes-Alpes）维拉-卢比埃镇（Villar-Loubière）的神父，他当时刚搬到圣米歇尔·德·弗里戈莱（Saint-Michel-de-Frigolet）隐修院附近，可能是一位老年痴呆症患者。

在这些病人中，似乎还有一位患有幻听的律师。这位律师害怕有秘警追查他，控诉他是“皮条客、恋童癖、小偷和杀手”。[16]凡·高曾这样描述他：“这里有一个人一直在大叫，总是在说话，就像我一样，已经两周了，他认为他在走廊的回声中听到了人声，可能是由于他的听觉神经坏了，又特别敏感。”凡·高还说：“对我而言，我不仅会听到，还会看到。”另一次，当凡·高提到其他病人时，他谈道：“他们在犯病的时候也会听到嘈杂的声音和奇怪的人声。”[17]

在这么一小群精神病患中，凡·高和律师竟有着非常类似的症状，描述症状的术语也是完全一样的。凡·高在阿尔勒的医生曾提到凡·高患有幻听（hallucinations de l'ouïe），而佩龙医生则扩大了其症状范围，他提及这位荷兰人患有的是“幻视和幻听”（hallucinations de la vue et de l'ouïe）。[18]埃德加·勒鲁瓦（Edgar Leroy）引用了圣保罗的医疗档案，证明律师也同样患有“痛觉幻觉”。[19]两位病人可能曾讨论过他们的症状，律师是当时病院中少有的接受过教育的患者，这也是他成了艺术家伙伴的原因之一。

一位早期的凡·高学者曾提到过病院中有一位隐去真名的叫“Comte de G*”（G伯爵）的病人，他总是大叫着“我的情人，我的情人”（ma maitresse，ma maitress）[20]，还用木头猛打自己的胸膛，撕扯自己的衣服。这位病人很可能是一位伯爵，来自尼姆（Nimes）的约瑟夫·德戈林尼（Joseph d'Esgrigny），凡·高入院时，他42岁。德戈林尼家族是当地的贵族，他的姓氏念起来很像“德·戈林尼”（de Grigny），这也解释了他的名字中为什么会有“G”这个字母。

病院中还有两位来自远方的病人：出生于君士坦丁堡（Constantinople）的皮埃尔·米勒（Pierre Mille，25岁），出生于科西嘉岛（Corsica）的路易斯·鲁（Louis Roux，43岁）。凡·高的其他病友包括夏尔·奥尔谢夫斯基（Charles Olszewski，43岁）、夏尔·西罗（Charles Siraud，45岁）、路易斯·比扎利翁（Louis Bizalion，52岁）和艾蒂安·迪福（Etienne Duffaud，55岁）。[21]

病院的前院长勒鲁瓦引用了一些病人的病历，但没有提到病人的名字。这些人在不同程度上遭受了“频繁突发的狂躁型焦虑”和“伴随有被害妄想”的长期忧郁症（lypemania）、梅毒恐惧症（syphilophobia）等。在病院中，有人会“有时暴怒”；有人会害怕被人下毒或杀害；有人会很暴力，破坏家具及窗户，并不断地喊叫，用“毫无章法的方式”穿戴衣服。[22]

1889年，另两个人住进了病院，其中一位是5月27日从马赛来的亨利·昂里克，他比凡·高晚来两周。[23] 从他的报告来看，他患有“急性狂躁症”，有“极度焦虑”的症状，并且“咆哮着乱打乱砸”。[24] 凡·高隐去了他的名字，同时用非常类似的词描述了这位病人的症状：“来了一个新人，他十分激动，乱打乱砸，没日没夜地大叫，还撕扯束身衣，现在他几乎停不下来，尽管他已经在浴缸里待了一天，他把房间里的床和其他东西都毁了，还掀翻了自己的食物，等等。看着这些无法控制的行为和狼藉的场面，真令人难过——但是这里的人们都很有耐心。”[25] 登记册记录了泰雷兹·路易斯·昂里克（Thérèse Louise Enrico）和雅克·欧仁·昂里克（Jacques Eugène Enrico）也曾在圣保罗住院，他们可能是兄弟，也可能患有遗传疾病。[26] 凡·高在的时候还有一位病人入院，那就是73岁的约瑟夫·塞莱斯坦·蓬泰（Joseph Célestin Pontet），他于1889年9月6日入院。

凡·高似乎和这群备受折磨的乌合之众很投缘。他常常被认为是古怪的，和大部分家人的关系也不太好，有时还会和朋友大吵[27]，但他从圣保罗寄出的信件几乎没有显示出他和其他病患存有矛盾。凡·高可能意识到想要继续生活，就必须避免和病友发生争执。

想到凡·高生活在这么一群令人烦恼的病人间，确实令人心碎。一位艺术家竟能在这么压抑的病人的包围下画出如此生动且乐观的作品，真是难以想象。凡·高很清楚此事的风险：“如果这样慢慢进入那些整日、整周、整月、整年都无所事事的、不幸的同伴们的状态，所有的事情将一发不可收拾，不断恶化下去。”[28]

《雨》细节图，费城美术馆（F650）

第十一章：崩溃

可怕的犯病期会永远摧毁我作画的能力……无论如何我正试着好转，就像一个要自杀的人发现水太冷了，又试图回到岸上一样。[1]

在圣保罗的日子里，凡·高大部分时间是清醒的，但他也犯过四次病，犯病期间他完全迷失方向并非常痛苦。[2] 这几次可怕的危机和之前在阿尔勒出现的情况大同小异。1888年12月23日的第一个犯病期是最可怕的，当时凡·高割下了自己的耳朵。他随后又在阿尔勒遭受了三次危险期，这才导致他下决心隐居于圣保罗。正如提奥所言："天才们漫步在脑海中神秘的道路上，哪怕一点点的晕眩就会把他们拉下神坛。"[3]

凡·高对血淋淋的自残后发生的事情只有模糊的概念。在入住圣保罗后的一个月内，他向提奥解释，只要他想到割耳事件，"就会被极度的恐惧和震惊包围，令我无法思考"。肯定有"某种东西影响了我的大脑，虽然我不知道是什么"。割耳事件的一个月后，他倒是承认了这一点，即他承受着"难以忍受的幻觉"，尽管幻觉已有减弱的趋势。[4]

回顾艺术家的医生曾经的记录是很重要的。阿尔伯特·德隆医生（Dr Albert Delon）在1889年2月7日为凡·高做了检查，当时凡·高经历了第二次犯病期。凡·高随后被诊断为"幻听"，他"听到了责备他的声音"。[5] 入住圣保罗后，佩龙医生记录下了凡·高在阿尔勒时期曾患有"伴随着幻视和幻听的急性狂躁症，这也是导致他割耳自残的主要原因"。[6]

尽管无数有关凡·高的作品都提及了割耳事件，但以上两处简要提到的"幻听"却很少被人们关注。[7] 这些幻觉当然可能让艺术家感到自己听到一些无法忍受的话语及声音（也很有可能是咆哮的声音）。凡·高

图78："真正的隔离室"，马克·特拉尔波特拍摄，1955~1956年

陷入了最绝望的境地，他可能相信割掉耳朵就不会再听到那些令他疯狂的可怕声音了。[8]

凡·高的精神疾病最初在圣保罗有所缓解，但住院两个月后，他在1889年7月中旬于采石场附近作画时又一次突然犯病。佩龙医生向提奥报告说，凡·高试图"用笔刷和颜料毒死自己"。[9]凡·高虽然将颜料等有害物体吐了出来，但他的喉咙肿得非常厉害，四天内他都处于极其难受的状态，不能吃东西，就算一个月后吞咽也有困难。凡·高向提奥承认他这次犯病时会"捡肮脏的东西吃，尽管我对此的记忆依然很模糊"。[10]与以往不同，凡·高的这封信是用黑色粉笔写成的，这是因为医生还没有批准他可以使用墨水。

凡·高在圣保罗第一次犯病后立刻就被带到了一楼一个留给重症患者的房间，这个房间就在佩龙医生办公室的旁边。[11]比利时的凡·高学者马克·特拉尔波特（Marc Tralbaut）在20世纪50年代拍下了一张照片，很可能是凡·高被关的房间。马克将这个房间的照片称为"真正的隔离室"[12]（图78），尽管这不是凡·高的卧室。在照片中，房间门上没有把手，因此房门是无法从内部打开的——它就这样关押着病人们。

在这次犯病期间，凡·高不断地做着可怕的噩梦，正如他不久后提到的："所有我看见的人，哪怕我认识他们，而实际上大多数人我并不认识，对我来说，他们似乎是从很远的地方来到此地的，这里和他们本来的生活完全不同。"[13]尽管有如此可悲的经历，凡·高还是表达了他对佩龙医生的感激，他提到医生"对我非常好"。但经历过这些可怕的遭遇后，他对弟弟详细地叙述道："我很多天都完全处于心烦意乱的状态，正如在阿尔勒一样，不过可能更严重了，这样的犯病期以后还会出现，实在糟糕。"[14]人们只能猜想提奥收到这样的信件该有多么忧虑。

这次犯病后的约一个月，凡·高平静了下来。他承认自己曾试图自杀，也解释了"由于水太凉"，他想奋力回到岸上。由于他仍然不被允许触碰颜料，凡·高请求提奥能和佩龙医生沟通，坚称"作画对我的康复至关重要"。[15]9月上旬，凡·高终于有了重拾绘画的权利，并开始从卧室窗口绘画麦田及麦田周边的景色。

《田野与耕种者》（*Field with Ploughman*，图79）充分证明了磨难丝毫没有影响凡·高的艺术能力。波浪般的犁沟构成强有力的画面，令在初升的太阳下工作的农民相形见绌。耕种者大步走在马的后面，艺术家很可能将自己隐喻成了耕种者。凡·高是带着报复的心理回到工作中的，他决定要弥补之前浪费的时间，他告诉提奥："我就像着了魔一样地犁地，我带着比以往更难以纾解的热情作画，我认为这样可以治愈我。"[16]

佩龙医生在凡·高给提奥的一封信后加上了附言，他承认凡·高当时已经"完全恢复理智"。医生还附言："他不想自杀了，只剩下噩梦，但也有消失的倾向。"[17]一个月后凡·高告诉提奥："佩龙医生说从严格意义上讲，我并没有疯，他是对的，因为我的想法有时候完全正常、清晰，甚至比从前更好，但是犯病期真的很可怕，它让我完全失去了神智。"凡·高又继续将自己决心快些作画的想法比作矿工的工作，因为矿工"对工作的迟疑会导致危险"。[18]十年前在博里纳日（Borinage）地区时，凡·高曾亲历了异常可怕的地底爆炸事件，这场爆炸导致一百多位矿工死亡，因此凡·高对矿工面临的危险再明白不过了。

图79：《田野与耕种者》，1889年9月，布面油画，49厘米×62厘米，私人藏品（F625）

秋天时凡·高很健康，到11月中旬，佩龙医生已允许他外出两日，前往阿尔勒，这是他第一次在外过夜。[19]突然进入繁忙的大城市令凡·高既激动又害怕。他见到了萨勒牧师，还可能见到了他的朋友约瑟夫·吉努和玛丽·吉努。

凡·高有点想去阿尔勒的博特街（Rue du Bout d'Arles），但这只是推测，这个地方离吉努的车站咖啡馆仅五分钟的路途。一年前，正是在当地的一家妓院中，凡·高将自己割下来的血淋淋的耳朵送给了里面的一位姑娘——加布丽埃勒·贝拉蒂埃（Gabrielle Berlatier）。[20]他在阿尔勒的时候会定期去妓院，他对此的解释是自己“两周去一次妓院，其他时候则过着禁欲的生活——这就是我做的事情”，但在圣雷米小镇，凡·高并没有机会去拜访他口中的“优秀的小女士们”。[21]

凡·高在圣诞前夜回到了圣保罗，前一年的此时正是他住进阿尔勒医院的时候。回到圣保罗后，凡·高突然犯病。由于时间点特殊，人们不得不联想他是由于回想起割耳事件而受到了刺激。凡·高后来告诉提奥：“突然之间，没有理由，我又被混乱占据了。”[22]他再一次试图吞食颜料。[23]幸运的是，这次发病期只持续了约一周的时间。

第二次发病期终于让凡·高迎来在圣保罗一年间的唯一一位来访

者。提奥知道了他这次犯病，担忧地致信萨勒牧师。1890年1月2日，萨勒牧师停下手上所有的事情，从阿尔勒前往病院。然而，提奥并不知道，凡·高在这段时间已得到了恢复。凡·高被牧师的殷切关怀感动，他向牧师展现了一张黑色背景上的粉色和红色天竺葵静物画。[24]可悲的是，萨勒牧师是凡·高在圣保罗住院一年中唯一的来访者。提奥从没有来过，凡·高那些近在咫尺的阿尔勒好友们也没有来过，雷伊医生（Dr Rey）、约瑟夫·吉努和玛丽·吉努都没有来过，邮递员约瑟夫·鲁兰（Joseph Roulin）当时刚搬去马赛，他也没有来探望过凡·高。

佩龙医生认为凡·高恢复得不错，并允许他在1890年1月中旬第三次前往阿尔勒，这个时间竟然就在圣诞节后的不久。凡·高回院两天后再次犯病。佩龙医生致信提奥："他现在没法做任何事情，只能用毫无逻辑的话语回答问题。"[25]凡·高后来解释："我不知道我在哪，我的思想已经飘远。"[26]这次犯病期幸好也只持续了一周左右。

在下一次发病前，凡·高暂缓了一下。1890年2月下旬，凡·高第四次去阿尔勒的时候，病魔又一次击溃了他。佩龙医生告诉提奥"不知道他周六和周日在哪儿过夜"。[27]翌日，有人告诉医生凡·高的情况，医生于是派马车载着两个人将凡·高接回了病院，其中之一是马车夫普莱，另一位则很可能是护工。

佩龙医生竟然从来没有向提奥描述过任何发现凡·高时的细节，这更加证明凡·高可能是在阿尔勒的博特街附近被发现的。凡·高原本想要拜访吉努夫妇，却没有见到对方。在同一封信件中，医生评价说自己并不相信凡·高"在可以自由活动时有过任何过激的行为，我只认为他是清醒和矜持的"。这里的"清醒"可能指的是没有喝酒，而"矜持"则委婉地指出凡·高没有进入妓院，但是人们也很好奇为什么医生必须要提及这些事情。之后，佩龙医生才承认"他犯病的次数越来越多，而且每次都是从病院离开又回来后"。[28]2月的阿尔勒之行是凡·高最后一次前往当地。尽管他在阿尔勒有一些密友，但在他最终去往巴黎前并没有回到阿尔勒与密友们告别。

凡·高在圣保罗的最后一次发病期是当时最长的。尽管3月中旬他曾好转，还在某一天致信提奥，[29]但随后他又开始精神错乱。佩龙医生在4月1日向提奥解释："有时，他好像回到了正常状态，能够理解自己的感受；几个小时后情况就变了，病人开始变得悲伤、压抑，不再回答任何问题。"[30]

文森特可能是在迷茫的状态下度过了3月30日的37岁生日。他70岁的母亲——安娜为他缝制了一个烟草袋，并将其和一罐咖啡及维尔的一本书一起寄给了凡·高。提奥则送了一系列伦勃朗画作的印刷品，还有一封感人的信件，他在信中说："如果我明天就能见到你，在你生日的时候和你握握手该有多好啊……我亲爱的哥哥，我们离得如此遥远，不能知道对方在做些什么，这很令人伤感。"直到4月底，凡·高才得以恢复通信。[31]

凡·高之前犯病的时候无法作画，病院的工作人员也禁止他靠近绘画材料，以免他再次毒害自己。但是在这次长达两个月的发病期间，凡·高被允许作画，不过他的手稿和少量油画都首次显示出了他的精神错乱。

回顾凡·高在圣保罗的病情，前两次犯病时他竟然想要用颜料、松节油或煤油给自己下毒，这真是令人不安。佩龙医生证明过这是真的，他离开时曾记录："有时他试图毒害自己，要么是吞食绘画用的颜料，要么是喝松节油，这个松节油是在装灯的时候一个男孩给他的。"[32]显现修女和普莱也曾目睹并在后回忆了这些事情。[33]

令人感到神秘的是，凡·高害怕有人要毒害他，而不是意识到自己正在毒害自己。1889年2月在阿尔勒，萨勒牧师曾告知提奥"他整整三天都认为自己被下了毒，他还看见四处都是下毒的人和被下毒的人"。[34]阿尔勒医院也证明此事为真，因为德隆医生记录了凡·高有"固定观念（idée fixe）——认为自己有可能曾被人下毒"。[35]简而言之，似乎凡·高在犯病时自己喝下了毒药，却又认定是别人给他喝的。

凡·高的自杀风险很高，对于是否允许他外出，是否允许他前往阿尔勒，是否可以继续使用存在安全隐患的绘画材料，佩龙医生陷入了两难，不过凡·高坚称自己需要这些自由。由于谨慎照顾，凡·高虽然试图自残，但幸而都被及时发现和治好了。

那么，凡·高在阿尔勒自残的原因到底是什么呢？害怕高更离开或是害怕提奥离开；幻听、为摆脱噪音所作的尝试，这些或许都是他犯病的导火索之一。不过，这些可能都是表面现象，凡·高的医疗和心理状况一直很难被断定。

凡·高在阿尔勒的医生和在圣保罗的医生将他诊断为癫痫。他在给维尔的信中说，佩龙医生“不认为我是个疯子，而认为我只是患有癫痫”。[36]当时的癫痫应当是“隐形癫痫”（épilepsie larvée），它会导致间歇性的过度兴奋和过度抑郁、易怒、记忆力衰弱或产生幻觉。这种状况现在被归类为颞叶癫痫的一种，属于神经系统的疾病。[37]

然而，如果说对癫痫的诊断是正确的，那么其实当时并没有多少人了解这种病情，更没什么人知道该如何正确治疗。唯一已知的用药是凡·高在阿尔勒使用的溴化钾，这是一种给癫痫病人减轻幻觉的镇静剂。[38]在20世纪，由于溴化钾的毒性，该药已经不再是处方药。此外，凡·高似乎还被要求一天洗两次长达两小时的澡，他说这是为了“让某人平静”。[39]凡·高对药物治疗的缺乏实在是太清楚了，他告诉提奥：“这家病院里的治疗方法很简单……因为他们什么也不做，病院只是让病人们无所事事，还给他们提供不新鲜的食物。”[40]

凡·高死后，无数内科医生和心理学家曾研究过他的症状，但对他的疾病并没有达成共识。[41]凡·高除可能患有某一类的癫痫外，其他可能的病症还包括环性精神错乱或边缘性人格障碍，不过认同最多的仍是双相情感障碍（bipolar disorder），这种病之前也被称作躁狂抑郁症（manic depression）。[42]尽管在凡·高详尽的信件中有一些证据，但他疾病的本质从他的时代至今仍是个谜。

《有旋涡背景的自画像》，巴黎奥赛美术馆

第十二章：镜像

人们说……了解自己很难——其实画自己也很难。[1]

第三次犯病后，凡·高重拾画笔，对着镜子画了一张自画像。他告诉提奥："我醒来的第一天就开始为自己画像，但我很瘦，且苍白得像个恶魔。"（图80）[2]几周前他吞食了颜料，想给自己下毒，而现在他则用同一管颜料创作自画像，一探自己的精神深处。人们认为凡·高和他的同胞伦勃朗一样，是艺术史上伟大的自画像画家。1886～1889年这四年不到的时间里，凡·高共为自己画了35幅画像，留下了许多不同的表情和情绪。

1889年9月，凡·高的三张自画像都是从同一个角度创作的，它们描绘了艺术家完整的右耳，不过由于画家是通过镜子描绘的，因此他镜像中的耳朵成了左耳。在割耳事件之前，凡·高的自画像几乎可以平分为从左边画的和右边画的两种；而在这个事件之后，他则画了两张绑了绷带的左耳画像（图11），他这么做是为了记录自己的真实状况。[3]到9月时，他已不再希望细看自己的缺陷。为了避免受伤，精神病院禁止病人们使用独立式的镜子，壁挂式的镜子也只能在盥洗室里找到。尽管人们很好奇凡·高是从哪里得到的镜子，但他就是得到了。在这艰苦的一年的最后，凡·高目不转睛地盯着镜子，观察着自己的容貌和心理状况。

为什么凡·高在康复后就开始探索自画像呢？他告诉提奥这是由于他"想要更多的模特"，但还有更深层次的原因。[4]自画像能向病友、员工、家庭，更重要的是向自己传达信息：他已经摆脱了犯病期，现在他下定决心要继续自己的艺术事业。在前几张自画像中，他的用色和笔触证明了这份决心。

图80：《拿着调色板的自画像》，1889年9月，布面油画，57厘米×44厘米，华盛顿国家美术馆（National Gallery of Art）

31：《有旋涡背景的自画像》，1889年9月，布面油画，65厘米×54厘米，巴黎奥赛美术馆（F627）

凡·高回到工作室后立刻画了第一张自画像，这张画像可能是他在恢复期就开始构思的作品。在《拿着调色板的自画像》（*Self-portrait with Palette*，图80）中，艺术家似乎又瘦又疲倦，历经磨难后，这一切似乎理所当然。他锐利的绿色眼睛和姜黄色的胡须与深蓝色的服装及背景形成了鲜明的对比。凡·高随后决定将这幅作品送给提奥的朋友，作家兼艺术家约瑟夫·艾萨克森（Joseph Isaäcson）。[5]

几天后，凡·高又开始画动人的《有旋涡背景的自画像》（*Self-portrait with Swirling Background*，图81）。这次他去掉了作画的工具，将罩衫换成了他最好的衣服。这件夹克可能是他从阿尔勒离开前几天在当地买的，价值35法郎。[6]艺术家直视着前方，他深陷的眼睛异常笃定，甚至还用一种挑衅的眼神凝视着观者。他严肃而又有点疏远的神态体现出这是他刻意做出的样子，很可能是为了能在屈辱的精神病院生活中保护自己的尊严。

土耳其蓝色的背景上有力的笔触同样令人震撼，它们构成一个充满活力的、有节奏的图案。艺术家的脸色虽然比上一张作品要略好一些，但人们也不禁会将背景中的卷曲线条看作是对艺术家心境的反映。凡·高向提奥保证，“我的外表已经变得更加淡定”，因此他作画时可能只是想使用一系列的蓝色来创造出具有整体性的构图，从而平衡背景和服装的关系。[7]

凡·高明显更喜爱他在9月画的第二张自画像。两周内他就将这张作品寄给了提奥。他建议弟弟把这张画和几年前在巴黎的作品做比较。他评价道：“我比那时看起来更健康，而且健康很多。”凡·高提到最后一张画作时写道：“相较于我的信件，这张肖像画更能向你展示我现在的样子。”[8]

另一个立即将《有旋涡背景的自画像》寄送到巴黎的理由是凡·高希望提奥给毕沙罗看这张作品。到了9月，凡·高已经有了离开精神病院的想法，他很好奇住在埃拉尼（Eragny，巴黎西北部的一个小村庄）的印象派画家们能否接纳他。凡·高可能感到自画像能让毕沙罗确认自己并不是个疯子，也没有丧失作画的能力。遗憾的是，最后凡·高并没有搬到埃拉尼，而是到了瓦兹河畔欧韦（Auvers-sur-Oise）。凡·高在那里和保罗·加谢医生（Dr Paul Gachet）成了朋友，他还将这张自画像作为礼物赠予医生。他提到，这位医生对这张画作“极其狂热”。[9]

1889年9月，凡·高画了第三张自画像。他为自己的母亲和妹妹维尔创作了《刮了胡子的自画像》（*Self-portrait with a shaven Face*，图82），这幅画像描绘了他更清新的外表。在一封写给母亲的信中，他提到自己的出生地，并写道：“我看起来或多或少还是很像津德尔特（Zundert）农民的，和来自伦敦或巴黎的都市人相差甚远。”[10] 凡·高焦虑地向母亲提出自己仍然是她之前所了解的儿子。

凡·高在这幅自画像中没有胡子，这点很不同寻常。1888年的夏季，可能由于炎热，他将胡子剃掉了，但随后他又告诉提奥剃了胡子的自己看起来一点都不像“疯狂的画家”。[11] 自残后，可能为了治疗，病院的工作人员立刻剃了凡·高的胡子（图11）。然而，他在精神病院的时候又开始蓄须，不过剃须刀需要在监管下才能使用。两鬓的胡须可能也可以用来掩饰凡·高可怕的缺陷，尽管从前两张他留有胡须的自画像来看，他鬓角的胡须并不多，这或许是受到了割耳留下的疤痕的影响。1889年夏天犯病后，凡·高曾考虑剃掉胡须以表示自己已经康复。不过无论如何，这张令人印象深刻的没有胡子的画像很可能就是他的最后一张自画像。

认定《刮了胡子的自画像》为9月中下旬所画的主要原因是这张画像出现在了凡·高自己仿制的《卧室》（*The Bedroom*）中，后一张画作完成于9月下旬（图84）。[12]《卧室》的原作是一年前在阿尔勒完成的。在原作中，凡·高的床边挂了两张肖像，一幅是士兵保罗-欧仁·米列（Paul-Eugène Milliet），一幅是比利时艺术家欧仁·博赫。但在这张更小的仿制品中，他把两位朋友的画像换成了一位不知名的妇女的画像和没有胡子的自画像。

《卧室》的复制品和《刮了胡子的自画像》一样，是画给安娜和维

上图
图82：《刮了胡子的自画像》，1889年9月，布面油画，40厘米×31厘米，个人藏品（F525）

对页上图
图83：19岁的文森特 · 凡 · 高，1873年1月，雅各布斯 · 德 · 劳（Jacobus de Louw）拍摄，海牙

对页下图
图84：《卧室》，1889年9月，布面油画，57厘米×74厘米，巴黎奥赛美术馆（F483）

尔的，她们当时正要搬到莱顿（Leiden）的新家。[13] 凡·高应该非常喜爱这样“画中画”的巧思。他一共给母亲和妹妹寄送了七幅作品，并告诉她们“请将这些画挂在走廊、厨房、楼道上，希望这样做不会让你们不舒服”。[14]

由于凡·高现存的两张照片拍摄于他13岁和19岁时（图83），因此我们几乎完全是通过自画像来了解凡·高的长相的。成年后的他总是不愿拍照，他向维尔解释，“我仍然觉得照片很可怕，我一点都不喜欢它们，尤其当照片不是我熟悉或喜爱的人时”，而画作则可以留存“许多代”。[15]

《午间：休息》（临摹自米勒）细节图，巴黎奥赛美术馆

第十三章：转换成色彩

这不是纯粹和简单的复刻……

而是在把一种语言翻译成另一种语言，翻译成色彩的语言。[1]

1889年秋，凡·高开始了一项不同寻常的实验：他想将其他画家的黑白版画“翻译”成自己的油画。这并不是简单的复刻，而是通过他的理解，用比原作更大的尺寸将其复刻出来，更重要的是，他还要为其加上色彩。他一共画了28张这样的作品，约占圣保罗画作的五分之一。[2]这些作品很好地展示了年轻一代的画家是如何重新解读传统画家们的作品的。

在一封凡·高从圣保罗寄出的动人的信件中，他将艺术创作比作音乐演奏。他写道：“如果演奏者演奏了贝多芬，那么需要演奏者在演奏的过程中加入自己的理解。”他还提出：“不是只有作曲家才能演奏出自己的曲目。”凡·高接着又提出另一个有关音乐的比喻，“我的笔刷在指间活动，正如小提琴的琴弓一样”。他说道：“将黑白版画变成油画的过程就是即兴的色彩创作。”[3]凡·高早就对绘画与音乐间的关联充满兴趣，他甚至还在六年前为了探索色彩与音符间的相似性而上过钢琴课。[4]

凡·高对这个项目当然也有实际的考虑。冬天就要到了，不太适合在外作画，况且他也不是总能离开病院的。他写道：“通过再度理解画作，即使处于半自由的状态，我也能够长时间有事可做。”[5]加上精神病院里很难找到肖像模特，冬天又没有多少盛开的花草，因此凡·高想用自己的想象将版画转换成油画，从而创造新的作画机会。

从凡·高还在伦敦当艺术经销商的小学徒起，他就开始收藏版画，他一直受到其他艺术家的版画作品的影响。这些并不贵重的复刻

左图
图85：塞莱斯坦·南特伊-勒伯夫（Célestin Nanteuil-Leboeuf），《哀悼基督》（临摹自欧仁·德拉克罗瓦），约1850年，平版印刷画（凡·高的损坏的复制品），22厘米×17厘米，阿姆斯特丹凡·高博物馆（文森特·凡·高基金会）

对页图
图86：《哀悼基督》（临摹自欧仁·德拉克罗瓦），1889年9月，布面油画，73厘米×61厘米，阿姆斯特丹凡·高博物馆（文森特·凡·高基金会）（F630）

品多是从杂志上剪下来的。凡·高在一生中收集了上百甚至上千张版画作品，他将其中的大部分挂裱在卡片上。他收藏的大部分作品都留在巴黎，但他带去圣保罗的和提奥寄给他的版画作品一样有着非常强的视觉冲击力。

凡·高从1889年9月开始这个项目，他先从法国19世纪中叶的浪漫派艺术家欧仁·德拉克罗瓦（Eugène Delacroix）的《哀悼基督》（*Pietà*）开始。他的创作基于曾经钉在黄房子墙上的一张平版印刷画，当然同时还加入了自己的解读。凡·高解释了自己的想法："我生病的时候，一件不幸的事情发生了，那就是德拉克罗瓦的平版印刷画《哀悼基督》及其他图片，掉进了某种油和颜料里被损坏了。我很难过，因而我开始了对这张作品的再创作。"[6]他复制的画作和被损坏的版画现在都被留存了下来（图85）。

凡·高基于这张版画创作了第一个版本，随后又创作了第二版更大的《哀悼基督》（图86）。[7] 由于凡·高从来没有见过德拉克罗瓦的原作，他的作品自然和原作的色彩相去甚远。凡·高还给死去的基督画上了姜黄色的头发和胡须，就和他自己的一样。尽管艺术家们有时会不自觉地把自己的特征画入作品中，但凡·高很可能是刻意这么做的。凡·高对维尔描述了自己的《哀悼基督》，他提到圣母和怀中“精疲力竭的尸体”位于一个洞窟的洞口处。圣母穿着蓝色的衣服，和“飘浮着带金边

左图

图87：阿德里安·拉维耶（Adrien Lavieille），《拿着大镰刀的收割者》（临摹自米勒），1853年，木版画（凡·高的复制品），14厘米×8厘米，阿姆斯特丹凡·高博物馆（文森特·凡·高基金会）

对页图

图88：《拿着大镰刀的收割者》（临摹自米勒），1889年9月，布面油画，44厘米×25厘米，个人藏品（F688）

的蓝紫色云朵的天空”形成了鲜明对比，这是一场大雨过后的天空。[8]

选择画《哀悼基督》可能对凡·高而言是奇怪的举动，因为许多年前他曾反对过父亲的信仰。更耐人寻味的是，他还将这张作品挂在了自己的卧室中。联想到他曾可能挂过的普罗旺斯美景，他竟然选择在床头悬挂死去的基督，真是令人惊讶。凡·高解释说：“我不喜欢在自己的卧室中看自己的画。”这意味着他更青睐于复制其他画家的作品。这实在是没有什么说服力，因为他的阿尔勒《卧室》图就展现了他在黄房子里挂着自己的作品。他选择“哀悼基督”这一题材，很可能是由于他一直相信着“宗教思想有时会令我有一种极大的慰藉”。[9]这一表述也清楚地证明了他画《哀悼基督》的时候，正是他极度脆弱的时刻。他对圣母怀抱死去的儿子时所体现出来的温暖和关怀十分欣赏。

图89：阿德里安·拉维耶，《午间：休息》（临摹自米勒），1873年，木版画（凡·高的复制品），15厘米×22厘米，阿姆斯特丹凡·高博物馆（文森特·凡·高基金会）

凡·高很有可能想把小幅的《哀悼基督》送给修女们，因为多年后显现修女曾回忆起凡·高想为公共活动室提供一些画作，其中可能就有他的宗教画。[10]然而，其他修女礼貌地拒绝了艺术家的慷慨提议。经过一系列的波折，小型的《哀悼基督》最后到达了梵蒂冈，被收藏在现代宗教艺术博物馆（Museum of Modern Religious Art）中。[11]

凡·高后来又开始复制让-弗朗索瓦·米勒（Jean-François Millet，农民画题材画家，1875年逝世）的作品。[12]从凡·高年轻时起，米勒就已经是19世纪著名的艺术家，凡·高非常欣赏他。在圣保罗，凡·高曾雄心勃勃地想要完成十张米勒“田野上的劳作”（Labours of the Fields）的题材版画，这些版画是阿尔勒时期提奥寄给他的。《拿着大镰刀的收割者》（*Reaper with a Scythe*，图87、图88）可以说是凡·高这一

图90：《午间：休息》（临摹自米勒），1890年1月，布面油画，73厘米×91厘米，巴黎奥赛美术馆（F686）

系列中的佳品，他充满活力的笔触使金色的小麦和深蓝色的天空形成了鲜明的对比。

由于凡·高要完成“田野上的劳作”题材的最后润色，他请求提奥再寄几张米勒的“一天中的四时”（Four Times of the Day）的题材版画给他。凡·高年轻时非常崇拜这些作品。1875年，作为巴黎的艺术经销商学徒，凡·高将这些作品挂在了蒙马特尔（Montmartre）的卧室。五年后，他开始复制这些版画。凡·高在圣保罗收到“一天中的四时”版画系列后，对提奥表示了感谢，他说道：“由于见不到任何艺术作品，我已经日渐无力，这些作品令我恢复了力气。”[13]

凡·高在11月上旬完成了其中一张彩色油画，但是他推迟了画另外三张画的时间，由于圣诞节前病魔再度来袭，他又停了一段时间。第二年年

左图
图91：保罗·勒拉（Paul LeRat），《播种者》（临摹自米勒），1873年，蚀刻画（凡·高的复制品），12厘米×10厘米，阿姆斯特丹凡·高博物馆（文森特·凡·高基金会）

对页图
图92：《播种者》（临摹自米勒），1890年2月，布面油画，81厘米×65厘米，私人藏品（F690）

初，凡·高完成了其他作品。在《午间：休息》（*Noon: Rest*）中，两个农民躺在自己收获的小麦上，正在午休（图89）。[14]在凡·高的演绎中，蓝色和金黄色调的对比又一次制造了鲜明的效果，不禁让人想起正午的炎热（图90）。他并不想复刻版画，而是“将之‘翻译’成另一种语言”——一种色彩的语言，这也是他对“米勒最深刻、最诚挚的致敬”。[15]

凡·高还画了《播种者》（*Sower*），这是他最喜爱的米勒版画。许多年前，凡·高曾在手稿中两度复制过这张作品。在阿尔勒时，他请求提奥寄给自己一张蚀刻版本（图91），基于这一作品，他又在圣保罗画了两个版本：第一张诞生于1889年11月，更大的第二张诞生于次年2月（图92）。[16]

左图
图93：埃利奥多尔·皮萨（Héliodore Pisan），《新门监狱——放风场》（临摹自古斯塔夫·多雷），1872~1873年，木版画（凡·高的方形复制品），25厘米×19厘米，阿姆斯特丹凡·高博物馆（文森特·凡·高基金会）

对页图
图94：《放风场》（临摹自多雷），1890年2月，布面油画，80厘米×64厘米，莫斯科普希金国家美术博物馆（Pushkin State Museum of Fine Arts）（F669）

凡·高从2月份开始复制古斯塔夫·多雷（Gustave Doré）为《伦敦：朝圣之旅》（*London: A Pilgrimage*）绘制的插图。他在英格兰时看到这本书，并挑选了《新门监狱——放风场》（*Newgate-Exercise Yard*）中的一张图进行再创作，不过他并没有选取书中的版画作为参照，因为他觉得书上的插图太小了。最终他将一份荷兰杂志上重印的插图作为模板，以制作更大的彩色图像（图93）。[17]

当凡·高看到新门监狱中关押的囚徒时，他不禁联想到了自己的圣保罗生活。多雷的画表现了一群囚徒耐心地拖着脚、绕着没有尽头的圆圈行走，这群人被压迫在可怕、幽闭的院子中。多雷画的人几乎都面无表情，但在凡·高的彩色版本（图94）中，他却加入了自己的影子，最靠近前景并向外看的人有着姜黄色的头发和与凡·高类似的特征。

左图
图95：保罗·高更，《玛丽·吉努肖像》（又名《阿尔勒妇人》），1888年11月，彩色粉笔和蜡笔画，56厘米×49厘米，旧金山美术博物馆（Fine Arts Museums of San Francisco）

对页图
图96：《玛丽·吉努肖像》（又名《阿尔勒妇人》），1890年2月，布面油画，60厘米×50厘米，罗马国家现代艺术馆（F540）

下一张演绎的作品非同寻常，因为这张作品基于凡·高的好友高更。他们一起作画时，高更曾画过车站咖啡馆的女主人玛丽·吉努（图95）。因为吉努的传统服装，他们将她称为阿尔勒妇人。为了准备《夜晚的咖啡馆》（*The Night Café*），高更画了一张她的速写，后来又将速写送给了凡·高，而凡·高则将这张速写一直带到了圣保罗。[18]

凡·高以高更的手稿为基础画了自己的作品（图96）。为了调整构图，他在吉努夫人面前的桌上加了两本书，分别是哈里特·比彻·斯托（Harriet Beecher Stowe）的《汤姆叔叔的小屋》（*Uncle Tom's Cabin*）和狄更斯的《圣诞故事集》（*Chiristmas Tales*）。这些书名一直在凡·高的脑海中，就在几天前他还评论说："读类似比彻·斯托和狄更斯的好作品是多么教化人。"[19]

凡·高完成了五张以上的《阿尔勒妇人》（*The Arlésienne*），其中包括为吉努夫人所作的画像，但这张画于1890年2月，凡·高在阿尔勒犯病

上左图
图97：《在永恒之门前》，1882年11月，平版印刷画（有刻写的画名），52厘米×34厘米，德黑兰现代艺术博物馆（F1662）

上右图
图98：《在永恒之门前》，1890年5月，布面油画，82厘米×66厘米，奥特洛库勒-穆勒博物馆（F702）

时不幸丢失了。[20]艺术家把犯病归因于辛勤地画这些肖像，他抱怨自己为这些画像付出了“一个月的犯病期”。[21]

为了感谢高更的手稿，同时维持阿尔勒时期之后两人的融洽关系，凡·高为高更展示了另一个版本的《阿尔勒妇人》。高更礼貌地热情赞扬这张作品，他告诉凡·高这张画“很精细、耐人寻味，相较我的手稿我更喜欢它”。凡·高认为在演绎色彩版本的时候，他自己是“诚恳地忠于”原作的。他诚挚地请求高更把画作看成是“我们的作品，就好比是对我们共同努力的几个月的总结”。[22]

被凡·高“翻译”成彩色的作品中，最让人感到酸楚的莫过于他对自己作品《在永恒之门前》（*At Eternity's Gate*）的演绎，这幅平版印刷画描绘了一位将头靠在双手上老年人（图97）。[23] 1882年，凡·高在海牙时就曾将这个英文标题写在其中的一幅版画上，这幅版画的复印件现藏于德黑兰现代艺术博物馆（Tehran Museum of Contemporary Art），顾名思义，这位悲伤的老年人快要死去了。凡·高从1890年5月上旬开始画油画《在永恒之门前》（图98），当时他刚结束了两个月的发病期。

在更大幅的油画中，艺术家在构图上进行了一些修改。就风格而言，画中的调整也反映了艺术家这八年间的变化。在版画中，凡·高尽量准确地还原了人物形象，而在后来的作品中，他则用更轻松的方式表达着深沉的情感。在画人物的时候，凡·高可能一定程度上联想到了在公共休息室中见到的老年病人们，如退休的牧师安托万·希尔缅和让·比斯科里（Jean Biscolly），他们当时都已经77岁了。

《在永恒之门前》中，老人握紧的拳头暗示着凡·高感受到的极端痛苦。在作画的两周前，佩龙医生曾致信提奥，报告凡·高仍处于抑郁中："他坐着的时候常常会将头埋在两手之间，如果有人对他说话会好像要伤害他一样，他会用手势告诉旁人他需要静一静。"[24]《在永恒之门前》是凡·高在圣保罗的最后几张作品之一，它似乎就是一张自画像，但画的并非外貌，而是动作。

当凡·高开始将黑白作品演绎成彩色时，他认为自己可能最终会"将所有的作品都捐给学校"。他希望"让普通大众也能体会"米勒作品的精彩，但是他又担心自己的复刻会"被鄙视为抄袭"。[25] 凡·高的演绎可能不是他最佳的作品，但小型画作《拿着大镰刀的收割者》（图88，基于米勒的画作画成）在2017年被卖出了2.4千万英镑的高价。根据这一价格估算，如果真的有一所学校收藏了凡·高的油画演绎作品，那么这所学校就拥有了价值约10亿英镑的财产。尽管在凡·高的年代，米勒就是19世纪身价最高的画家，但从最近的米勒作品的拍卖纪录来看，200万英镑已经是他画作价格的巅峰，[26] 看来人们的艺术品味也是会急剧转变的。

《两个锄地的女农民》细节图，阿姆斯特丹凡 · 高博物馆（文森特 · 凡 · 高基金会）

第十四章：对北方的记忆

即使生病的时候我也画了一些记忆中的画面……

对北方的记忆。[1]

凡·高最后一次在圣保罗发病期间，画了许多作品，短短两个月内他画了至少50张的画稿和几张油画。在这段时间，凡·高承受着极大的精神痛苦，他的思绪也转向了故乡荷兰和自己的年轻时代。他曾对母亲安娜和妹妹维尔解释说："虽然我的病痛已达到了极点，但我还在作画，画中包括对布拉班特（Brabant）的回忆。"布拉班特是尼德兰南部的一个区域——凡·高长大的地方，[2] 1883～1885年，凡·高刚成为画家时，也曾在当地停留，他的父母则住在尼厄嫩（Nuenen）的村庄里。一直以来，凡·高都希望自己可以成为一位关注农民生活的艺术家，后来当他病弱地躺在圣保罗的病床上时，当时的场景如潮水般涌来。

割耳事件后，凡·高在阿尔勒也曾有过类似的感受——不断回忆起出生的村庄。他随后告诉提奥："生病的时候我又看见了津德尔特家中的每个房间、每条过道、花园里的每株植物、周边的景色、田野、邻居、墓地、教堂、家后的菜园，还有一株矗立在墓地中的高大的金合欢树上的喜鹊窝。"[3]

凡·高在精神病院的最后一次发病期是最长的，从1890年的2月末一直持续到4月末。他的状况与之前持续时间较短的精神崩溃不同，这次他有短暂的缓解期，其间他会更像平常的自己。[4] 他声称自己在"最糟糕"的时候继续作画应该只是夸大其词，但佩龙医生似乎准许他在恢复期内进入画室，他拿起画笔的机会也随之多了起来。

在恢复的时候，凡·高对提奥提到过几张画作，这些画作被他描述

图99：《对布拉班特的回忆》，1890年3～4月，布面油画，29厘米×37厘米，阿姆斯特丹凡 · 高博物馆（文森特 · 凡 · 高基金会）

成对童年和在荷兰度过的年轻岁月的“回忆”。[5]尽管拥有父母的关爱，但凡 · 高也有一些痛苦的时刻，他的童年常常是不开心的。作为成年人，他和父亲特奥多鲁斯闹得不可开交。当凡 · 高27岁时，父亲曾试图让他进入赫尔精神病院，这种冲突导致最后他与父亲断绝了父子关系，就在1885年特奥多鲁斯逝世前不久。

尽管有这些家庭问题的存在，但凡 · 高还是保留着对布拉班特周边乡村的怀念，尤其是对当地农民的深厚情感。在圣保罗时，此前的时光再度涌现，凡 · 高告诉维尔：“我想到很多关于荷兰和我们小时候的事。”[6]

凡 · 高在这次犯病期间创作的画作很可能只完成了一部分，也可能被丢弃了，但有五张最终被留了下来，这些画就好像是对情绪的纪念。[7]

图100：《村舍日落》，1890年3~4月，布面油画，52厘米×40厘米，费城巴恩斯基金会（Barnes Foundation, Philadelphia）（F674）

五张画作都属于表现主义作品，由颤抖的笔触构成，这也反映出凡·高精神备受折磨的状况。这几张画几乎是他在圣保罗唯一留下的能显示出他精神状况不稳定的作品，它们似乎非常躁动，但又没有直接揭示他的想法。有趣的是，凡·高虽常说自己在患病期间会出现幻视，但在他的作品中却从没出现过任何可怕的图像。他可能不想回忆起自己认为看到过的可怕场景吧。

躁动的天空主导了《对布拉班特的回忆》（*Reminiscence of Brabant*，图99）的画面，乌云被落日的最后一抹阳光照亮，下方是一个村庄，两个农民正从田里往家走，画面中左边的一些房子和荷兰的村舍类似，都有着斜向地面的茅草屋顶。在《村舍日落》（*Cottages at Sunset*，图100）中，艺术家似乎画了和《对布拉班特的回忆》中同一个村庄的近景。[8] 屋顶的倾斜角度都极大，墙壁上只有少量的直线。烟囱上升起厚重的烟

图101：《锄地的女人们》，1890年3～4月，布面纸上油画，50厘米×64厘米，苏黎世布尔勒藏品（Bührle Collection）（F695）。

雾。也许是颜料褪色的缘故，黄昏时刻的红色天空变成了泛白的粉色。凡·高在春季画了他所谓的“秋季”景色，证明了这些画作纯粹来自他的想象。[9]

《锄地的女人们》（*Women Digging*，图101）描绘了两位女农民正在一片白雪皑皑的延伸向村庄的土地上弯腰劳作的场景，[10]她们都戴着系带的荷兰女帽。凡·高并没有将女农民的脸孔描绘出来，但这样的表达手法，反而加深了画面的阴郁感。落日下的雪景不禁让人们想起布拉班特农民所面对的严酷的生存环境。

除了少量油画，凡·高还在短期内画了至少50张画稿，画稿均记录了数不清的人物形象，如今留存下来的凡·高在圣保罗一年内所作的画稿半数来源于此，大部分画稿和农民种地、路上行人、冬季风光、茅

图102：《两个锄地的女农民》，1890年3～4月，粉色纸上的黑色粉笔画，24厘米×28厘米，阿姆斯特丹凡·高博物馆（文森特·凡·高基金会）（F1586v）

屋、壁炉边的一家人的习作有关，还有关于手的习作（令人回想起凡·高在尼厄嫩的时期）。凡·高在犯病期间的绘画能力足以证明他的坚定，而画作粗鲁、笨拙的线条又暗示着他极度不稳定的精神状态。

画稿《两个锄地的女农民》（*Two Peasant Women Digging*，图102）就是例子，这是凡·高为《锄地的女人们》（图101）所作的习作。《两个锄地的女农民》原本是凡·高素描本上的一幅快速草图，修复员们发现页面上溅到了一些点状的颜料，这一发现证明了凡·高在画《锄地的女人们》时，素描本就在其不远处，很可能是被放在桌上的。[11] 画稿和油画的不同之处在于，画稿中农舍后的两株草最终被画成了柏树——在布拉班特场景中加上了普罗旺斯的特征。

《盛开的杏花》细节图，阿姆斯特丹凡·高博物馆（文森特·凡·高基金会）

第十五章：盛开的杏花

这可能是我完成的最耐心、
最完美的作品，我用平静和胸有成竹的笔触完成了它。[1]

乔在1889年7月写信给凡·高："我将要告诉你一个近来已经成为我们生活重心的大消息。今年冬天，也许是2月份，我们希望能有个孩子，一个可爱的男孩——如果你同意做他的教父的话，我们会叫他文森特。"乔还提道："也可能会是个女孩，但我和提奥都希望是男孩。"[2]

对于乔怀孕的消息，凡·高的第一反应就是纯粹的开心，他回复这真是"一个非常好的消息"。[3]但在感到快乐后，凡·高又开始担心会被忽视，提奥已经几周没有给自己写信了。[4]凡·高可能还担心孩子的到来会导致弟弟减少给他的资助。7月中旬，在收到乔怀孕消息的十天后，凡·高在圣保罗第一次犯病，没有直接证据证明这两件事情相关，但他可能因为想到孩子的到来而触动了自己脆弱的神经，并且深感矛盾。

6个月后，在孩子出生的前一周，凡·高又一次在圣保罗犯病。在乔生产的前一天，佩龙医生的信件到达了巴黎，他在信中告知提奥此事，[5]提奥和乔当时面临着难以想象的窘境。前一晚乔曾致信凡·高，激动地告知对方她就要生产了，但又害怕自己会有生命危险。她小心翼翼地写道："如果有不好的事情发生——如果我必须要离开他——请告诉他……他必须对我们的婚姻毫不遗憾，因为他让我如此快乐。"[6]

虽然有所担忧，但生产非常顺利，1890年1月31日，孩子（真的是个男孩）出生了，他的名字是文森特·威廉（Vincent Willem，图103）。[7]孩子的伯父——艺术家文森特（他名字的来源）起初非常愉快，他认为

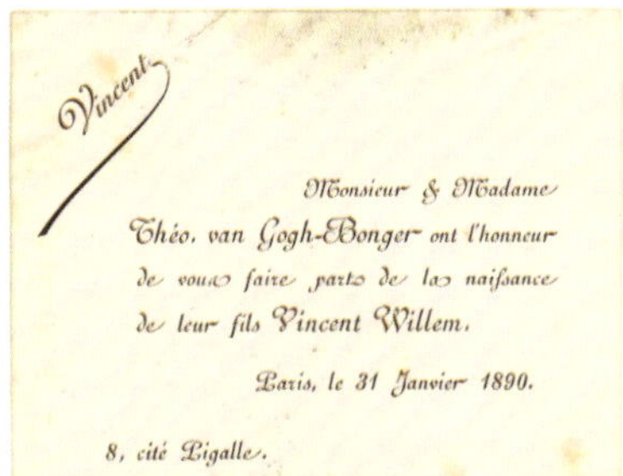

Vincent

Monsieur & Madame
Théo. van Gogh-Bonger ont l'honneur
de vous faire parts de la naissance
de leur fils Vincent Willem.

Paris, le 31 Janvier 1890.

8, cité Pigalle.

这件事“带给我的快乐令我无以言表”。[8] 两周后，凡·高用自己的方式表达了这种快乐——创作了一幅杰作。

《盛开的杏花》（*Almond Blossom*，图106）是文森特送给教子的礼物。文森特对母亲安娜解释道，自己是为了提奥和乔在巴黎公寓的婴儿房而画了这张画。这幅画中有“蓝天映衬下的白色杏花的粗壮枝丫”。[9] 在普罗旺斯，2月盛开的杏树预示着春天的到来，它们是最早开花的果树，圣雷米区域后来还因杏树而驰名（图105），当散发着蜂蜜般香甜味道的、精美的花瓣大量出现在果园时，一定会让人感到无比惬意。

凡·高可能是在2月17日开始构想《盛开的杏花》的，当时温度骤升，刺激了杏花的绽放。[10] 第一眼扫过画作，画面似乎很自然，就像是画家躺在草地上仰望着有疙瘩的树枝一般，但仔细看来就会发现这是富有艺术性的复杂构图。右上角的枝丫和油画下方的部分似乎来自三株不同的杏树。

最有可能的情况是，凡·高折断了几枝杏树枝，将其带回工作室，重新构图和创作。[11] 他利用自己的想象完成了这幅在蔚蓝天空前精致地零散排布的新鲜花朵。这幅画的构图部分来源于日本版画，因为折枝花是日本版画经常表现的主题。春天的花朵在日本版画中也十分常见，如葛饰北斋和歌川国贞的作品（图107）。[12]

对页上左二图
图103：文森特·威廉·凡·高（提奥和乔的儿子）的出生通知，上有向（艺术家）文森特问好的手写字迹，1890年1月31日，印刷的信封和卡片，都是9厘米×11厘米，阿姆斯特丹凡·高博物馆（文森特·凡·高基金会）

对页上右图
图104：三个月大的文森特·威廉·凡·高（提奥和乔的儿子），1890年4月，巴黎的拉乌尔·赛塞（Raoul Saisset）拍摄，阿姆斯特丹凡·高博物馆（文森特·凡·高基金会）

对页下图
图105：圣保罗附近的杏树，20世纪二三十年代，明信片

周围鲜活的生命感可能让画家开心了起来，但同时也有其他的事情令他精神愉悦。2月18日，凡·高在努力画《盛开的杏花》时，打开了一封来自提奥的信，他得知自己售出了第一张在普罗旺斯完成的油画。[13] 售出的作品是《红葡萄园》（*The Red Vineyard*），它描绘了阿尔勒的风景，这幅画当时在布鲁塞尔二十人社（Les Vingt）的展览展出，最终的售价是400法郎（16英镑），买家是欧仁·博赫（凡·高的朋友）的姐姐安娜·博赫（Anna Boch）。其中的人际关系可能会让凡·高感到这并不是一桩合理的"商业"交易，但无论如何，售出作品对凡·高而言都是莫大的鼓舞。[14] 这件事发生在奥利埃在《法国信使》上发表文章后的一个月，凡·高处在突破的边缘，他真的有成名的机会了。

但就在完成《盛开的杏花》和听到《红葡萄园》被卖出的好消息后，凡·高又不幸地在阿尔勒遭遇了病魔的骚扰。他后来写信给提奥时谈道："工作进行得很顺利，最后几张开花的树枝就快要完成了"，他在后文中提道："而第二天我又无所适从"。[15] 如果没有这次挫折，他可能还会画更多开花的树，但当他恢复时花期已经结束。他曾懊恼地承认："我真是不幸。"[16] 尽管提奥因收到送给新生儿的《盛开的杏花》而感到愉快，但这张作品也多少带着一些遗憾的意味，因为它和哥哥当时的情绪崩溃息息相关。

当凡·高的侄子文森特·威廉几十年后再回首，他发现自己的出生和凡·高的精神疾病不无联系。20世纪50年代，威廉指出当凡·高听说弟弟订婚时就发生了割耳事件，还提到艺术家的其他几次崩溃都是在"提奥结婚后，在听说他将要出生时和他出生时"。他还提出这件事或许让凡·高感到会失去提奥的支持，尽管"并非如此"。[17] 文森特·威廉可能从母亲乔那里听过这一理论，他为自己的出生促使伯父犯病，并最终自杀而承受着精神压力。

1890年4月末，《盛开的杏花》和其他一些作品被寄送到巴黎。[18] 提奥非常欣赏这些画作，包括一些"非常非常美丽的"作品。提奥单独挑出《盛开的杏花》，他明显不太赞赏这张作品："你还没有完全画出这

图106：《盛开的杏花》，1890年2月，布面油画，74厘米×92厘米，阿姆斯特丹凡·高博物馆（文森特·凡·高基金会）（F671）

图107：歌川国贞，《园中戏花》（*A Flower Game in the Garden*，三联画中的左边一幅），19世纪30年代，彩色版画，38厘米×25厘米，阿姆斯特丹凡 · 高博物馆（文森特 · 凡 · 高基金会）

一主题。”尽管画作原本是要被挂在卧室的，但提奥和乔后来还是将其挂在了更显眼的起居室的钢琴上方。[19]

这张愉快的画作是乔和文森特·威廉最喜爱的作品。乔的孙子约翰·凡·高（Johan van Gogh）仍记得从20世纪30年代开始，这张画作就被挂在了卧室中，这个卧室由他和另外两个兄弟在拉伦（Laren，阿姆斯特丹附近的村庄）的家庭住宅中共享。他回忆自己的童年时曾提到这张画“没有被飞来的枕头或更可怕的东西打中真是奇迹”。[20]

文森特·威廉保留着《盛开的杏花》，1962年这幅画和其他画作一起被送到一家基金会，11年后这一系列藏品成了当时刚在阿姆斯特丹建立的凡·高博物馆的核心展品。2018年，95岁的约翰·凡·高认为《盛开的杏花》是艺术家“最重要”的作品，他认为这些作品仍是“我们”的作品——虽然从法律上说并非如此，但从家族传承来说确实如此。[21]约翰只要看到《盛开的杏花》，就会想起这张热情的画作是为了挂在父亲的房间而画的。

《花瓶里的鸢尾花》细节图，阿姆斯特丹凡·高博物馆（文森特·凡·高基金会）

第十六章：孤立

哎，如果我没有生这可恶的病该多好！那样我就可以完成更多的事情……

但确实——这趟旅程是真真正正地结束了。[1]

奥利埃完成的首篇关于凡·高的文章名为“Les Isolés”（意为“被孤立的人”）。奥利埃把这位荷兰人描述成孤独的艺术家，当然这个表达也可能暗指艺术家在远离巴黎的精神病院中。奥利埃知道凡·高的精神有问题，还知道他生活在圣保罗病院，不过他在文章中几乎没有谈及此事。

对凡·高的艺术生涯来说，他的孤立喜忧参半：住在圣保罗意味着他实际上无法和巴黎先锋派的艺术家们取得联系，他失去了之前两年间在巴黎工作的热情。即使是在阿尔勒时期，他也和高更一起住了九周，还认识了一些当地的艺术家。[2]

但孤立的状况也带来了好处。至少在他健康的时候，他可以心无旁骛地专注于绘画。在病院的高墙后，凡·高发展了具有强烈个人风格的独特艺术，他的艺术几乎不受市场或其他画家的影响，这让他可以任意做出大胆的艺术尝试。凡·高在阿尔勒发现很难画出想象中的作品，但等到画《星空》（图49）时，他已经非常成功了。可悲的是，艺术家竟没有多少时间能够继续发展这一想象中的艺术。

尽管凡·高已与其他画家隔离，但他的作品却开始在激进团体中有了知名度，这是由于提奥开始在三个重要的展览中展出他的作品。第一个展览是1889年9月由巴黎独立艺术家协会组织的，这是当时刚刚成立的激进艺术家团体。凡·高送展了两幅画作，分别是在阿尔勒完成的《罗讷河上的星空》和《鸢尾花》（图18）。[3]

第二个展览是1890年1月布鲁塞尔二十人社组织（这个组织由20位激进的艺术家组成）的。展览包括六张凡·高的作品，其中有四张阿尔勒时期的画作、两张圣保罗时期的画作，圣保罗时期的画作为《精神病院花园铺着常春藤的树》的原作（图20）和《日出时的麦田》（图47）。

随后的展览展出了凡·高最多的作品，这个展览在1890年由独立艺术家协会组织。展出了至少十张凡·高的画作，包括八张圣保罗时期的作品：《暴风雨后的麦田》（图43）、《溪谷》（图59）、《桑树》（图60）、《道路修理工》（图61）、《柏树》（图71）和《橄榄树丛》，还有刚在布鲁塞尔展出的两张圣保罗时期的油画。[4]这一定是一次震撼人心的展览——展示了艺术家在最难熬的时刻所取得的成就。

尽管提奥没有在信中提及，但他在某种程度上还是希望凡·高能够参加1890年独立艺术家展览的开幕式的。他对维尔写道："我希望他参加开幕式。"[5]想法虽然很好，但对于已经在精神病院住院一年的人而言，要到达巴黎附近，还要被开幕式中的人群包围，确实令人焦虑；并且如果其他人看见凡·高本人，他们还不一定会严肃对待他的作品，他受伤的左耳、精神病院的经历可能会引发许多非议。然而，凡·高当时正处于发病期，无疑是去不了巴黎的，当他康复后，展览已经结束了。

让人感到惊讶的是，法国总统萨迪·卡诺（Sadi Carnot）也曾见过凡·高的作品。提奥在信中提到，当总统出席开幕式时自己也在场，卡诺还提到凡·高的画作"摆放得很好"。[6]这是一场大型的展览，卡诺用了一个多小时的时间[7]参观了四个展室，这意味着他肯定看到过凡·高的十张作品。提奥在给凡·高的信中曾一笔带过地提到卡诺的访问，这份漫不经心的提及很可能就是人们忽视此事的原因。

新印象派艺术家保罗·西尼亚克（Paul Signac）陪同卡诺参观了展览，西尼亚克是凡·高最忠诚的拥护者，尤其热爱凡·高在阿尔勒时期的油画。1887年，西尼亚克在巴黎见过凡·高，他还在次年前往阿尔勒的医院探望过凡·高。巴黎展览的两周前，西尼亚克参加了布鲁塞

图108：《花瓶里的鸢尾花》，1890年5月，布面油画，93厘米×74厘米，阿姆斯特丹凡·高博物馆（文森特·凡·高基金会）（F678）

尔展览的开幕式。当时比利时知名艺术家亨利·德·格鲁（Henry De Groux）在这次展览中讥讽了凡·高的画作。[8] 西尼亚克就像是凡·高的救星，他和德·格鲁几乎水火不容。在陪同卡诺参观时，西尼亚克很有可能抓住了这个机会，向总统隆重地介绍了凡·高的作品。据一篇新闻报道记载，卡诺为其中一些艺术家“令人困惑的色调”而着迷，尤其是新印象派画作。这次长时间的参观令他“大为惊奇”。虽然我们现在认为凡·高在他的时代是被忽视的，但法国总统并没有错过凡·高的作品，想到此，真是令人感到有趣。

* * *

1889~1890年的冬天，凡·高越来越确定要去巴黎和其周边了。到春天，他已经在圣保罗发病了四次，这似乎是他留下来的理由，但病院其实并没有治好他的病。精神病院的生活让凡·高感到迷茫，他希望逃离病院死板的日常生活。尽管周边村镇美妙绝伦，但凡·高很难随意走动。他还想见到他的弟弟，认识一下乔和自己的教子。

不仅如此，凡·高发现“不幸的同伴”会让他情绪低迷。病人们过着单调的生活，而凡·高越来越感到倦怠。他告诉提奥，“老修道院里的这群精神病人很危险，人们很可能要冒险失去一些尚存的意识”。凡·高越来越觉得自己“染上了其他人的疾病，而自己的病却根本没有治好”。[9]

从4月末的犯病期恢复后，凡·高下定决心要离开精神病院，他坚信自己已经“拖得太久了”。回首以往，他后来写道：“我最后的犯病非常严重，一部分原因可能是来自其他病人的影响，但无论如何，这座监牢正在摧毁我。”[10]

凡·高进一步动情地对提奥解释道：“这里让我感到压抑，甚至已经到了无以言表的程度……我需要空气，无聊和悲伤让我感到被摧毁了。但牺牲自己的自由，离开社会和只拥有自己的事业，真的很难。”一年前，凡·高曾感到病人们能让他专心工作，但后来他不再这么认为，“这里的人们好奇心太强了，他们对绘画一无所知，这给我的工作造成了障碍”。[11]

当时提奥想到了对兄弟二人都很好的解决方法，那就是让凡·高搬到瓦兹河畔欧韦小镇，这个小镇在巴黎以北30公里的地方，保罗·加谢的家就在那里。加谢是一位医生、业余画家、收藏家，与许多印象派画家都是朋友，他似乎就是照顾凡·高的最佳人选。凡·高可以在加谢医生的照料下，独居在欧韦的一家不大的旅馆中。欧韦小镇周边有宜人的风景，只需花一个多小时就可以到达巴黎，因此凡·高可以轻易见到提奥和他的家人。

在恢复期间，凡·高很快就下定决心离开圣保罗，搬到欧韦后，凡·高开始“冲刺”——他像此前一样密集地作画。在5月的前两周中（凡·高刚从最后一次犯病期中恢复过来），他竟然完成了八幅画作，其中一半是静物花卉。[12]凡·高曾向维尔解释自己：“像狂人一样地工作，尤其是画花束的时候。”[13]

凡·高刚到圣保罗时的两张作品中有一幅是《鸢尾花》（图18），几乎是在一年后，他画了另一束鸢尾花，但这束花是被插在瓶子中的，就像他此前的向日葵一样。[14]《花瓶里的鸢尾花》（*Irises in a Vase*，图108）是一张富有活力的作品：一大束花和几片短剑般的叶子构成了画面的主体，花的蓝色与背景的黄色形成了对比；其中，一枝花被折断了，垂落在一旁，这枝花打破了画面的对称，让人们联想起生命的短暂。

5月13日，文森特向提奥报告：“在和佩龙医生进行最后一次谈话后，我获许收拾好大箱子，我已用货物车将行李送了过去。”当天他乘马车到车站寄送了30公斤的行李到巴黎。途中他“又一次看见附近的乡村——雨后非常清新，地上开满了鲜花”，他伤感地联想着如果自己是个健康人，那么还能取得多少成就？正如他所写的：“我可以完成更多的事情。”[15]

三天后（入住精神病院一年零八天），凡·高终于离开了精神病院。1890年5月6日的早晨，佩龙医生写下医疗报告，报告中记录了他的患者承受了“几次病发，持续时间从两周到一个月不等”，尽管在不犯病的时候，凡·高“极度平静，头脑清晰，热情地投身于绘画当中”。医生得出结论：“他希望可以前往法国北部居住，也希望当地的气候更适合自己，他希望今天可以出院。”随后医生写下一个单词：“痊愈”。[16]

凡·高最后一次穿过精神病院的大门，乘坐马车前往车站，马车夫可能就是普莱，凡·高对他再熟悉不过了。佩龙医生可能也陪同左右，他现在已经意识到自己曾照顾了一个多么与众不同的病人。在与看门人道别后，马车穿过了罗马纪念碑，凡·高最后看了一眼阿尔皮耶山前的橄榄树丛，随后他们驶向车站，去赶中午的火车。

普莱可能陪同凡·高坐上了前往塔拉斯孔的窄轨列车，他们将在那里花费一个小时等待前往巴黎的快车。凡·高向提奥发送了电报，告知对方到达的时间。提奥原本希望能有一位精神病院的员工护送凡·高，但被凡·高拒绝了：“让我像一只危险的野兽一样被护送，公平吗？不，谢谢，我不需要。”[17]凡·高第二天一早安全地抵达了巴黎，清晨6点左右，提奥在里昂站迎接了他。至此，凡·高结束了他在精神病院的一整年生活；同时，他在瓦兹河畔欧韦小镇的新生活即将开始。

* * *

其实凡·高在欧韦小镇居住的时间非常短。他的生活似乎还不错，但1890年7月27日，他在画村庄上的麦田时又一次犯病，抓起画架边的手枪射向自己的肚子。凡·高的伤是致命的，他踉跄着回到旅馆，倒在了地上。

凡·高曾在从圣保罗寄出的信中写道：“画家太专心致志于眼睛所见，却不能完全掌控生活的其他方面。”[18]不仅如此，凡·高可能自责，也责怪自己对艺术的执着，但他确实患有心理和生理的疾病。尽管绘画耗尽了他几乎所有的精力，但如果没有这份职业，他就更没有活下去的动力——很可能会更快结束自己的生命。

当凡 · 高看向夜空时，他凝视着星辰，设想着永恒。他感觉当人要死的时候，就是要去往星辰了，就像要去塔拉斯孔一样。他对提奥写道：疾病就像星辰的移动，平静地老死是在“步行前往”目的地。[19] 凡 · 高的死比染上霍乱或患有癌症都要突然，仅仅在开枪的36个小时后，他就迅速前往了“星辰”。

《星空》细节图，纽约现代艺术博物馆

附笔一：凡·高离开后的精神病院

一战期间，圣保罗成了敌对外国人的拘留营，它曾关押过法属赤道非洲的名人——阿尔伯特·施魏策尔博士（Dr Albert Schweitzer），这是一位极负盛名的博学大师、高深的神学家、优秀的风琴手、献身于热带医药的专家。战前一年，施魏策尔在偏远的兰巴雷内（Lambaréné，位于赤道经现在的加蓬共和国以南的位置）的村庄建立了一所医院。

虽然施魏策尔博士认为自己是法国人，但他其实出生于当时正被德国统治的阿尔萨斯省。一战爆发后，施魏策尔博士和妻子海伦妮（Helene）被认为可能会对法国殖民当局构成威胁。1917年9月，他们接到要从兰巴雷内返回法国并关押入拘留营的命令。博士被迫离开医院，抛下病患，和海伦妮一起在军队的包围下前往一万公里外的拘留营，他们先被关在比利牛斯山脉的拘留营，接着，于1918年3月住进了圣保罗拘留营。

战争在1914年爆发后，圣保罗的男病人逐渐减少，只剩下凡·高此前的病友雷韦洛和另外两个转院的病人。一年后，空荡荡的男病人宿舍楼被改成了拘留营，当施魏策尔被关押时，圣保罗已经入住了一百来个拘留犯。

施魏策尔很清楚自己就住在凡·高曾住过的那栋楼。后来，他在自传中回忆起艺术家："像我们一样，当密史脱拉风袭来时，他忍受着冰凉的石头地板！像我们一样，他曾经在花园的高墙间不停地来回踱步！"[1]在一张在花园里拍摄的集体照中（图109），背景的右边部分就是建筑物的北侧，建筑物的二楼是凡·高的工作室。在圣保罗关押四个月后，施魏策尔夫妇通过瑞士方协调的拘留犯交换政策而被释放。1919年，拘留营关闭，圣保罗再度对精神病人开放。

佩龙医生在1895年逝世前，一直管理着圣保罗病院，他的后继者是马蒂厄·塞娅医生（Dr Mathieu Seja），直到1917年逝世前，塞娅医

左图
图109：阿尔萨斯的拘留犯在圣保罗花园的合影（阿尔伯特 · 施魏策尔已标出），1918年4月，照片

对页图
图110：罗杰 · 弗莱，《普罗旺斯之春》，1931年4月，布面油画，80厘米×65厘米，温哥华艺术画廊（Vancouver Art Gallery）

生都在管理着病院。曾照顾过凡 · 高的显现修女当时也还在病院，她作为女修道院院长，在1932年辞世前都帮助料理着精神病院的事务。1906年，病院从梅屈兰医生的手中传给了修女们，她们一直照顾着圣保罗病院的病人，直到2014年。

就在1919年一战结束后，病院迎来了最主要的管理方式的变化，充满活力的年轻院长埃德加 · 勒鲁瓦是变革的首要推动者。他为病院带来了新鲜的生活方式，他对凡 · 高的名声传播更是至关重要。[2] 勒鲁瓦刚到病院时并不怎么了解凡 · 高，但从20世纪20年代开始，他收到了越来越多的关于凡 · 高的问询。勒鲁瓦医生原本就对历史感兴趣，他开始利用精神病院的档案研究艺术家住院时的情形，由于这些资料现在已经很难见到，因此他的出版物成了至关重要的记录。

1926年，勒鲁瓦医生在《阿斯克拉普》（*Aesculape*，一份有关医药和艺术的月刊）上刊登了一系列关于凡 · 高在病院的文章。[3] 随后他还与独立研究凡 · 高的巴黎医学专家——维克多 · 杜瓦托（Victor Doiteau）医生合作，[4] 共同撰写了《文森特 · 凡 · 高的精神病》（*La Folie de Vincent van Gogh*），百年后，这本书仍是了解凡 · 高病况的必读书目。[5] 20世纪50年代前，勒鲁瓦医生撰写了大量此类主题的文章。[6]

勒鲁瓦医生还倡议要在圣保罗建立一个小型的凡 · 高博物馆，以接待越来越多的游客。1929年，小型博物馆在宿舍楼东侧的一个房间中建

成，这个房间的窗户面朝麦田，但它并不是凡·高的真正卧室，凡·高的卧室位于小型博物馆的楼上，不过这个房间确实能让人感受到当时的状况。由于修女们拒绝了凡·高的请求，圣保罗没有留下任何凡·高的原作，博物馆内也只是陈列了一些凡·高住院时期的画作和画稿照片，这些照片由1928年首版凡·高生年作品目录的编辑德·拉·菲力提供。

博物馆的来访登记册近来被圣雷米市政档案收藏，它记录了超过4000个名字，包括许多为了“朝圣”而来到圣保罗的知名人物。[7] 曾在阿尔勒为凡·高治疗的菲利克斯·雷伊医生很荣幸地成了记录中最早的来访者。后来的来访者还包括1933年4月前来“朝圣”的西尼亚克（图111），西尼亚克时年70岁，他画了水彩画《从普罗旺斯的圣雷米看到的阿尔皮耶山》（*Les Alpilles seen from Saint-Rémy-de-Provence*，图112）[8]，这是对凡·高的《阿尔皮耶山和棚屋》（图56）的致敬。

圣保罗的周边也吸引了许多游客，他们欣赏着曾令凡·高着迷的乡村风光。杰出的现代画家莫里斯·丹尼斯（Maurice Denis）曾在1926年来此参观，创作了几张有关回廊和罗马纪念碑的水彩画。[9] 艺术家安德烈·德兰（André Derain）在20世纪20年代数次来此，并创作了一系列关于圣保罗周边的风景画。[10]

大量英国杰出人物也曾纷纷来此，其中包括画家、批评家、策展人罗杰·弗莱（Roger Fry）。他通过1910年的展览首次让凡·高进入了伦敦大众的视线，他也在这次展览上创造了“后印象主义者”这个名称。弗莱在20世纪20年代常常前往圣雷米。1931年，他出资帮助当地的朋友夏尔·莫龙（Charles Mauron）和玛丽·莫龙（Marie Mauron）购买了靠近罗马遗迹和精神病院的迪昂吉哈尼农舍（Mas d' Angirany）。[11]

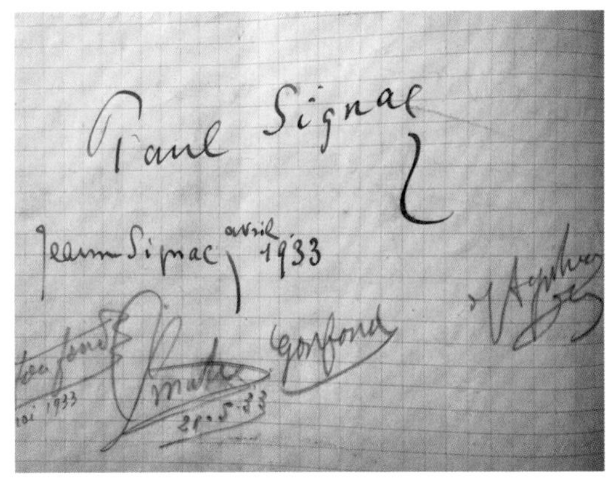

图111：保罗·西尼亚克在圣保罗博物馆来访登记册上留下的签名，1933年4月，圣雷米市政档案

图112：保罗·西尼亚克，《从普罗旺斯的圣雷米看到的阿尔皮耶山》，1933年5月，纸面水彩和色粉笔，30厘米×44厘米，个人收藏

此后，莫龙夫妇始终非常欢迎弗莱来访。《普罗旺斯之春》（*Spring in Provence*）就是在莫龙家的花园中完成的，这幅画展现了为了葡萄藤而树立的石柱，戈西埃山就在不远处（图110），这张画的场景与凡·高即将步入精神病院时所见的场景相仿。莫龙夫妇二人都很擅长写作，夏尔后来还出版了论文集《凡·高：精神研究》（*Van Gogh: Etudes Psychocritiques*）。[12] 由于情妇多拉莉亚·麦克尼尔（Dorelia McNeill）租下了离圣保罗和莫龙一家不远的吉拉霍农舍（Mas de Galero），英国艺术家奥古斯都·约翰（Augustus John）在20世纪30年代也会经常来此地造访。[13]

住在离圣保罗不远的两位法国艺术家，一直致力于保护凡·高的遗作，其中一位是让·巴尔蒂，他是勒鲁瓦医生之子——罗伯特·勒鲁瓦（Robert Leroy）的朋友，两次世界大战期间他几乎一直住在圣保罗农舍（Mas Saint-Paul）。[14] 让·巴尔蒂热情地撰写了有关凡·高和他作画地点的文章，这些内容被巴尔蒂记在了日记里，他还创作了几十张关于圣保罗周边乡村风光的图画（图113）。另一位艺术家是伊夫斯·布拉耶尔（Yves Brayer），他也在20世纪40年代住在精神病院的附近，一样画了许多周边的风景。[15] 圣雷米这样相对小的镇子竟能产生和吸引如此多的杰出艺术家和作家，真是令人称奇。

第二次世界大战也影响了圣保罗病院，修女们帮助剩下的女病人们撤到了位于阿尔代什（Ardèche）的仁爱之家。1942～1944年，德军占领了精神病院的一部分。花园中一些高大的松树被德军砍伐后用作木料，自此艺术家喜爱的树木不见了。

1951年，勒鲁瓦医生协助组织了一场在圣雷米举办的凡·高作品展。这个展览共分为两个部分，100幅油画及部分画稿，其中一半在阿尔勒的勒杜博物馆（Musée Réattu）展览，另一半则在萨德酒店（Hôtel de Sade）展览[此处之前是位于圣雷米老城镇中心的萨德侯爵（Marquis de Sade）的家，这个家族中的一员正是"施虐狂"（sadism）一词的来源]。[16] 此时，夏尔·莫龙已经当选为圣雷米的镇长。画展中所有的作品都来自凡·高的侄子文森特·威廉，包括30幅凡·高在圣雷米完成的作品。展览长达两周，这也是凡·高的作品唯一一次通过展览重回圣雷米。

艺术家的侄子文森特·威廉在1951年的开幕式上首次来到圣雷米，他时年已61岁，对他而言，看见伯父曾住过一年的精神病院，无疑会产生情感冲击。文森特·威廉被介绍给时年88岁的普莱，后者曾陪同凡·高外出写生。两人在作品的环绕下会面，距普莱上次在画家的画架上看见这些画已过去了60余年。回顾起自己带领着艺术家外出写生时的点点滴滴，普莱不禁落下泪水。[17] 三年后，即1954年，普莱辞世。

二战后的一年，精神病院的博物馆重新开馆，但由于此前被废弃的男宿舍楼条件不断恶化，博物馆在20世纪50年代不得不闭馆。勒鲁瓦医生在1965年辞世前一直担任圣保罗病院的院长，他在此位的任职期几乎长达半个世纪。20世纪六七十年代，建筑被翻新，虽然病人们的住宿条件得到了改善，但重新翻修难免导致凡·高时期的室内环境遭到破坏，令人不无遗憾（虽然建筑立面保留了）。当被问及这次破坏时，一位修女答道："先生，人们在意的是生者，而非死者！"[18]

圣保罗现任院长让-马克·布隆（Dr Jean-Marc Boulon）于1988年上任。[19] 由于受到凡·高遗作的启发，他创立了瓦勒图多（Valetudo），这是一个以罗马健康女神名字命名的艺术疗法项目，在附近的葛拉诺地区，每到春天就会为这位女神举办庆典，而瓦勒图多工作室则位于老隐修会餐厅。圣保罗现在已经是现代化的精神病院，它有约120个床位供给精神病人和老年人，还能提供日间护理。由于在诊断和治疗方面取得的巨大进步，今天的精神病院与凡·高当时入住的精神病院已截然不同。

图113：让·巴尔蒂，《盛开的杏树，圣保罗》，20世纪30年代末，布面油画，51厘米×66厘米，个人收藏。让·巴尔蒂友人联盟（Association Les Amis de Jean Baltus）［照片由丹尼尔·西尔·勒迈尔（Daniel Cyr Lemaire）拍摄］

《星空》画稿细节图，此前由不来梅艺术馆收藏，现在藏地不详

附笔二：俄国的监禁

二战末期，一位效力于红军的俄国建筑系学生惊奇地发现，在德国康卓城堡（Karnzow Castle）的地板上丢弃着疑似凡·高《星空》的画稿（图114）。这幅画稿和另外超过5000幅画稿及版画一样，属于不来梅艺术馆。为了逃过敌军的空袭，这些作品被藏在了柏林和汉堡间一处偏僻的房产中。1945年，红军占领了这个城堡，在一间用砖堵起的地下室中发现了这些作品，之后他们开始哄抢。后来《星空》画稿和不来梅藏品的遭遇简直是一段传奇。

年轻的军官维克多·巴尔金上尉（Captain Viktor Baldin）收集了几百张重要的凡·高画稿。后来，他将这些画稿放在手提箱中带回了当时的苏联，几十年中，这些画稿曾是国家的机密。《星空》画稿也因此在德·拉·菲力1970年版的凡·高生年作品目录中被记录为“已丢失”。[1]

这幅由钢笔和墨水画成的巨大画稿是凡·高在1889年6月完成《星空》油画（图49）后的几天内画的。凡·高曾将此画稿和另10幅临摹自油画的画稿寄给提奥，并提到“这样你就可以知道我在做什么了”。[2]《星空》画稿和油画类似，但画稿中的三座房子上都有着与柏树相呼应的炊烟，使画面更加富有动感。

提奥过世后，凡·高的画稿被遗赠给乔。1907年，乔通过艺术商将画稿卖给了常在不来梅活动的诗人及出版人阿尔弗雷德·冯·荷美尔（Alfred von Heymel），此人也是影响力较大的收藏家。阿尔弗雷德在一战中死去，他的凡·高画稿继而被遗赠给了自己的表亲克拉拉·哈耶（Clara Haye）。1918年，克拉拉将画稿捐赠给不来梅艺术馆，那是德国第一家收藏现代艺术品的博物馆。这些画稿很少展出，最后一次展出是在1937年的巴黎。

图114：《星空》画稿，1889年6月，纸面钢笔和墨水，47厘米×63厘米，此前由不来梅艺术馆收藏，现在藏地不详（F1540）

50多年后，我成为第一个见到《星空》画稿的外人。1990年，有消息称不来梅的藏品可能被留存了下来，并保存在苏联的一间秘密储藏室中。我当时是《观察家报》（*The Observer*）的记者，对此充满好奇，于是加入找寻这些神秘遗失藏品的队伍。[3]

两年后，在1992年9月11日，我前往圣彼得堡拜访刚上任的艾尔米塔什博物馆馆长——米哈伊尔·皮奥特罗夫斯基（Mikhail Piotrovsky）（仍在任）。我想如果我申请欣赏大量画稿，那一定会被拒绝，最佳的策略就是只申请看一张画——这样至少我先能确认一些不来梅藏品的位置。我没有迟疑，当即选定了《星空》，在挂满织毯的办公室中，皮奥特罗夫斯基终于答应了我的请求。

几十年后，我终于明白为什么皮奥特罗夫斯基会这样帮助一位英国记者。在他发现这批无主的财宝在克格勃的命令下被秘密转送到自己的博物馆后仅几个月内，我就联系了他。而他在担任博物馆副馆长期间，竟没有人向他提及战胜的红军从纳粹德国手中夺来艺术品的事情，这令他感到愤怒。这些秘密藏品当时被藏在艾尔米塔什博物馆的保险库中，甚至连博物馆的高层管理人员都不知道它们的存在。[4]皮奥特罗夫斯基曾坚定地相信，并且现在也依然相信这些艺术品应当分享给整个世界。

馆长带领我进入了前沙皇王宫顶层一个更大的房间，房间名为十二柱大厅（Hall of Twelve Columns），该处当时对游人是禁止开放的。我们从那里进入一间夹层，他在那儿向我介绍了博物馆的法国绘画负责人伊琳娜·诺娃舍斯卡娅（Irina Novoselskaya）。在一连串叮当作响的钥匙声后，伊琳娜拿出文件夹，摆在一张大桌上。打开文件夹后，她小心翼翼地将《星空》画稿取出，摆放在架子上（图115）。

我永远不会忘记那一刻——一张“遗失”的凡·高作品就这样展现在我的眼前，毫不夸张地说，现在活着的人从没见过这张画展出。这张画没有上色，我觉得在它的基础上也无法再上色，即使色彩对一幅作品至关重要，面对这样一张多加一笔都是累赘的画作，我竟然不知该如何去欣赏它。我快速地欣赏着这张超过60厘米宽的大作，第一个念头就是为它历经了如此多的坎坷，却仍完整地留存下来而感到庆幸。

凡·高常会使用一些极易褪色的墨水来进行创作，但由于画稿曾被掩藏起来，见不到光，所以上面的棕色墨水依然鲜活。如果我们将《星空》画稿与严重褪色的《野生植被》（图58）相比，会发现一个有趣的现象，即两者是同一时期用同一种墨水画成的。《野生植被》曾被借出展览过54次，而《星空》画稿在二战前只展出过8次。[5]《星空》画稿上出现的一处损坏，是由于竖着对折画作，导致底部出现了2厘米破损，这个破损是我没有预料到的。

我还前往莫斯科拜访过保存这张画的人。这个人名叫巴尔金，时年72岁，他在自己的公寓中讲述了他的故事。1945年7月5日，他的红军战友们移动了一个衣柜，在衣柜后面，他们发现了一扇紧闭的门，随后他

图115：伊琳娜·诺娃舍斯卡娅与《星空》画稿在艾尔米塔什博物馆中，1992年，本书作者拍摄

们破坏了这扇门，通过它，他们顺着阶梯来到一个地下室。巴尔金和战友们一起冲下楼，此时战友们开始哄闹着打开一个箱子，上千张来自不来梅艺术馆的作品被放到了地板上。为了保护画作，巴尔金飞快地拿上他能够拿上的作品，并试着阻止抢掠。

巴尔金最终将364张画稿保存在一只简朴的手提箱内。后来，他接到命令，要求他处理一支曾被纳粹俘虏并在战争中为纳粹效力的红军。红军认为这些人是变节者或卖国贼，当再度被红军俘虏时，这些人被迫步行一百多万米回到了苏联。精疲力竭的人们拖着沉重的脚步进行着可怕的旅程时，巴尔金则坐在后方的拖拉机中，在笨重的机器上，身后放着他珍贵的手提箱，每晚他都要紧紧地抱着它才能入眠。

变节者们的后果无人知晓，而巴尔金和他的手提箱在拖拉机上度过了几周后，安全地到达了莫斯科北部的扎戈尔斯克[Zagorsk，现名谢尔盖耶夫镇（Sergiev Posad）]。巴尔金告诉我，他打开手提箱，拿出珍贵的“货物”时的感觉：“我无法相信自己拥有了什么。”[6]除凡·高的作品外，还有丢勒（Dürer）、委罗内塞（Veronese）、凡·代克（Van Dyck）、伦勃朗（Rembrandt）、提埃坡罗（Tiepolo）、德加（Degas）和图卢兹-劳特雷克（Toulouse-Lautrec）的画稿。我询问了他关于《星空》的情况，他告诉我画稿尺寸太大了，无法放进手提箱，最安全的解决方法就是对折它。

巴尔金将这些画稿藏在家中三年，随后又决定将它们交给他当时效力的俄罗斯建筑共和博物馆（Republican Museum of Russian Architecture），虽然其中只有少量画作有建筑意义，但他还是希望画稿能够交给博物馆来管理。巴尔金被加官晋爵，并在1963年被任命为博物馆馆长，他愈发认为这些画稿应该回到不来梅，但由于冷战，他的想法几乎不可能实现。随着共产主义在苏联式微，1991年，克格勃秘密下令将来自不来梅的画稿转移到艾尔米塔什博物馆。当年12月，苏联解体，俄罗斯诞生。

当我在1992年9月见到皮奥特罗夫斯基时，他向我透露了来自不来梅的画稿将会展出。展览很快就协调好了，艾尔米塔什博物馆的展览将在1992年11月18日开幕。次年初，展览竟然在莫斯科的全俄装饰、实用艺术与民间艺术博物馆（All-Russia Museum of Decorative, Applied and Folk Art）举办，这真是令人意想不到。在展览目录中，艺术史家阿列克谢·拉斯特古耶夫（Alex Rastorguyev）教授提到不来梅的画稿“终于从非法保存中被解放了出来”。[7] 时任俄罗斯文化部副部长的塔季扬娜·尼基缇娜（Tatyana Nikitina）向我保证，“我们一定会将这些作品送回家”。[8] 2003年，来自不来梅的作品被正式同意归还。

如今，这项协议还没有履行。由于苏联在二战期间遭受重创，因此在20世纪90年代到21世纪之间，将“战利”艺术品归还德国的行为将面临越来越大的政治压力。2005年，俄罗斯新任文化部部长反对归还作品，皮奥特罗夫斯基被下令将不来梅藏品上交文化部。直到今天，俄罗斯政府仍秘密保存着这些画稿，可能就在莫斯科的某个储物中心。凡·高的《星空》画稿依然可怜地无法展现在世人面前——它成了二战的受害者。

凡·高之旅

圣保罗此前是疗养院，现在是精神病院，它坐落在美丽的普罗旺斯圣雷米小镇南面一公里的地方。从圣雷米的城镇中心，途经游客服务中心，再漫步在摆满了画家作品复制品的文森特·凡·高大道上，整个行程用时约20分钟。行程的最后，一条不长的林荫道通往圣保罗的入口，这里一般会在白天开放。

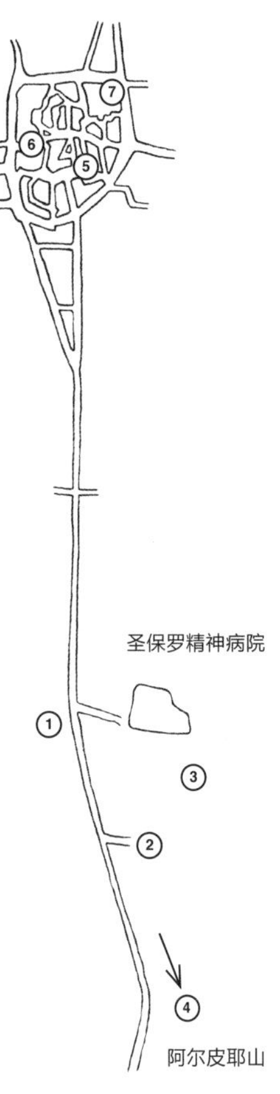

游客通过门房后，穿过一片林荫道便可来到隐修院小教堂，18世纪的小教堂立面内是古代的室内装饰。毗邻的12世纪回廊能让人们在此凝神思考，也可以在此处欣赏到瓦勒图多画室的病人们所创作的艺术品。

回廊上方的二楼是重建的“凡·高卧室”。尽管不是真的凡·高卧室，小房间、铁床、灯芯草椅子一样会让人感受到艺术家当时的生活氛围。透过上方的几扇窗户，可以看到普罗旺斯乡村的全景。自凡·高时代开始，橄榄树丛就少了很多，高大的松树遮蔽了一部分视野，远方则是阿尔皮耶山鲜明的轮廓，它是凡·高许多画作的背景。

回廊的下方有一扇门，通向对游客开放的花园。此前的麦田就在花园的左边，现在这片区域则成了病人们的私有空间。从回廊返回，教堂的另一面在凡·高时代曾是行政楼和佩龙医生的住所，包括东侧和北侧的建筑（凡·高卧室和工作室所在处）在内的其他部分都是精神病院，不对游客开放。当人们绕着精神病院外部的某一处行走时，还能时不时看见这些建筑。

距圣保罗不远处有另一个引人注目的遗迹：罗马纪念碑和凯旋门就在圣雷米的主干道边（1）。顺着这条主干道走几分钟就可以看到葛拉诺的入口（2），它是一个信奉古代神明并已经被发掘的罗马城镇。凡·高画过的采石场（3）就位于葛拉诺和圣保罗之间，但现在已很难找到，人们也只能通过标记好的公共步道安全地观赏。木制的山间小径延伸至阿尔皮耶山（4），它是一条风景绝佳的步道。

让我们说回圣雷米，集镇中心很小，并且主要是步行区域，是很好的游览地点。在顺着凡·高线路参观时，主要的景点就是埃斯汀街的埃斯汀博物馆（Musée Estrine）（5），这是一座18世纪的庄园，现在已被改造成现代艺术画廊，里面放着20世纪后的艺术品，画廊中专设一面墙，以讲述凡·高的一生。[1]

阿尔皮耶山博物馆（The Musée des Alpilles）（6）就在卡诺路（Rue Carnot）不远处，它能够让人们了解城镇及其周边的历史。在阿尔皮耶山博物馆的藏品中，有一件由生于俄国的巴黎裔画家——奥西普·扎德金（Ossip Zadkine）创作的凡·高胸像。[2]值得一提的是，曾在《星空》中变相出现的圣马丁教堂就在博物馆的附近。

漫步在小镇的窄巷和周边的林荫大道中，总会令人感到愉快。通过米拉博大道（7），凡·高创作了《道路修理工》（图61、图62）。由于树木和建筑已经发生了很大的变化，人们很难再找到画作所画的具体地点。

从圣雷米开车向西南方向行驶，我们还可以看见位于山顶的普罗旺斯的莱博（Les Baux-de-Provence），这里现在是一个繁忙的景点，当地的房子分布在巷子两边，而巷子则直冲向上方的一座中世纪城堡，这座城堡的视野极佳，再向西便是蒙马儒修道院（Montmajour）。凡·高在阿尔勒的许多画稿和油画中都描绘了它。到圣雷米的14个月前，凡·高住在阿尔勒，这座城市就在罗讷河谷（Rhône valley）不远处。如果想看凡·高在阿尔勒的故址，可以参考马丁·贝利的《南方工作室：凡·高在普罗旺斯》（弗朗西斯·林肯出版社，2016年，第188～191页）。

年表

1889年

5月8日	凡·高到达位于圣雷米镇附近的圣雷米精神病院。当时是由弗雷德里克·萨勒牧师护送他从阿尔勒（位于当地西南方25公里处）前来的。凡·高在院长泰奥菲勒·佩龙医生任职期间，自愿入院。
5月27日	亨利·昂里克入院。
5月27日	凡·高被允许出院写生。
6月18日	完成了《星空》（图49）。
7月6日	听说弟媳乔·邦格（全名约翰娜·邦格）怀孕。
7月7日	凡·高可能在夏尔·特拉比克的陪同下首次回到了阿尔勒，并在那里度过了一天的时间，与经营车站咖啡馆的朋友约瑟夫·吉努和玛丽·吉努及曾做清洁工的泰雷兹·巴勒莫兹重聚。
7月15日或16日	为提奥寄送画作。
7月16日或17日	在圣保罗第一次精神崩溃。
8月21日前后	最小的弟弟科尔（Cor）从巴黎移民南非。
8月22日前后	康复，9月2日起继续开始作画。

9月3日	独立艺术家协会展览在巴黎开幕（10月4日闭幕），展出了两幅凡·高的作品。
9月6日	约瑟夫·塞莱斯坦·蓬泰入院。
9月20日	为提奥寄送画作。
9月末	佩龙医生在巴黎会见提奥。
9月28日	为提奥寄送画作，其中包括《星空》（图49）。
11月2日	母亲安娜和妹妹维尔米恩（维尔）搬到了莱顿的布雷达（Breda）。
11月16日~17日前后	凡·高第二次前往阿尔勒，并停留两天；与萨勒牧师重聚，可能也见到了约瑟夫·吉努和玛丽·吉努。
12月6日和12月18日	为提奥寄送画作。
12月24日	在圣保罗第二次精神崩溃。
12月31日前后	康复。

1890年

1月2日	萨勒牧师访问圣保罗。
1月3日	为提奥寄送画作。
1月18日	布鲁塞尔二十人社展览开幕（2月23日闭幕），展出了六幅凡·高的油画和两幅手稿。
1月18或19日	第三次前往阿尔勒，与约瑟夫·吉努和玛丽·吉努重聚。
1月20日或21日	在圣保罗第三次精神崩溃。
1月29日或30日	收到《法国信使》一月号，其上刊登了阿尔伯特·奥利埃的文章。
1月31日前	康复。
1月31日	提奥和约翰娜之子文森特·威廉出生。
2月1日	收到新生命到来的消息。
2月18日	收到作于阿尔勒的《红葡萄园》（F495）售出的消息，售价为400法郎，这是凡·高知道的售出的第一张油画。
2月19日前后	完成《盛开的杏花》（图106）。
2月22日～23日	第四次前往阿尔勒，并独自一人停留两日，在旅程中第四次精神崩溃。
3月6日	提奥收到安娜·博赫为《红葡萄园》支付的400法郎。

3月17日前后	暂时康复。
3月19日	法国总统萨迪·卡诺为巴黎独立艺术家协会的展览致开幕词（展期为3月20日～4月27日），展出了十幅凡·高的油画。
3月30日	37岁生日。
4月18日	提奥和乔的第一个结婚纪念日。
4月末	康复。
4月29日	为提奥寄送画作，包括《盛开的杏花》（图106）。
5月1日	提奥33岁生日。
5月10日	让·巴拉尔（“园丁”）的女儿阿德林·巴拉尔出生，5月15日阿德林就夭折了。
5月16日	离开病院。
5月17日	到达巴黎，前往皮加勒区8号拜访提奥和乔，停留三天。
5月20日	搬到瓦兹河畔欧韦，此地位于巴黎以北30公里处。凡·高入住了当地的拉乌客栈（Auberge Ravoux）。
7月27日	在欧韦的麦田中向自己开枪。
7月29日	逝世。

注释

前言（第9～18页）

1 此图藏于凡·高博物馆（b4420），唯一已知的其他复印件现存于圣雷米的阿尔皮耶山博物馆。

2 19世纪其法语名称是“asile d'aliénés”（精神病人疗养院）。原文用“asylum”（译者注：精神病院的英文旧称）指代凡·高时期的病院，用“psychiatric hospital”（精神病院）指代现在的病院。

3 F498及F499。

4 来自对亨利·米森的访谈，1987年12月18日。

5 1987年12月18日参观时，负责人亨利·米森一直陪同着我，并允许我像记者一样拍照记录。

6 圣保罗住院登记册（1876～1892年），圣雷米市政档案，3Q5。我很感激雷米·旺蒂尔和其助手亚历山德拉·罗奇-特雷米尔（Alexandra Roche-Tramier）的帮助，还要感谢市长埃尔韦·谢鲁比尼（Hervé Chérubini）的支持。

7 一段有关病患隐私的注释：我引用了精神病院前任院长埃德加·勒鲁瓦20世纪20年代出版的内容，或者现在圣雷米市政档案已经对外公布的住院登记册（3Q5）和其他信息。文中提及病人的名字是为了研究他们各自的背景和状况，为凡·高在病院的生活提供更清晰的历史背景。1889～1890年的所有病人在20世纪中叶均已离世，大部分甚至没有活到那时，他们的儿孙几乎也都离世了。

8 800号信件，1889年9月5日～6日；822号信件，约1889年11月26日；832号信件，约1889年12月23日；836号信件，1890年1月4日（图书信息请在原版书参考书目部分检索“Jansen, Luijten and Bakker, 2009”）。

9 772号信件，1889年5月9日；776号信件，1889年5月23日。

10 更多关于雷韦洛和其他被提及姓名的病人的信息，请参见第十章。

11 777号信件，1889年5月31日～6月6日。

12 病人们的来信都写着“由佩龙医生转交”（请参见791号信件，1889年7月16日；848号信件，1890年1月31日；849号信件，1890年2月1日），很可能病人们寄出的信件也必须经过医生的审查。有一次佩龙医生还在一封凡·高写的信后加上了附注，请参见798号信件，约1889年9月2日。

13 图书信息请在原版书参考书目部分检索“Bailey, 2016”。如果想要研究凡·高在精神病院期间的经历，罗纳德·皮克万斯（Ronald Pickvance）1986年编写的纽约大都会博物馆展览目录是当时最重要的资料，但现在30多年过去了，资料中的信息有些滞后。

14 其证据是杏树在2月开花，树的位置和相关信息来自20世纪早期的当地居民。

15 我翻阅了早期曾到访圣保罗的凡·高学者的著作，图书信息请在原版书参考书目部分检索“Meier-Graefe, 1922”“Coquiot, 1923”“Piérard, 1924”“Perruchot, 1955”“Tralbaut, 1969”“Rewald, 1978”。

16 巴尔蒂的日记在1924～1941年间一直被很好地保存着。注意，此处的巴尔蒂是圣雷米艺术家，不要与同名的波兰裔法国艺术家巴尔蒂混淆。

17 乔·邦格，《文森特·凡·高回忆录》（*Memoir of Vincent van Gogh*），《凡·高书信全集》（*The Complete Letters of Vincent van Gogh*），泰晤士和哈德森（Thames & Hudson）出版社，1958年。

18 638号信件，1888年7月9日～10日。

19 我非常感谢天文馆公共参与部经理布伦丹·欧文斯的帮助，也要感谢帮我安排此次行程的谢里尔·特威格（Sheryl Twigg）。

序言（第19～26页）

1 111号信件，1877年4月15日。

2 提奥和乔在12月10日相遇，并决定于12月21日订婚。更多背景资料，请在原版书参考书目部分检索“Jansen and Robert, 1999”，第24～27页。

3 提奥致信安娜，1888年12月21日（同上，第24页）。

4 提奥致信乔，1889年1月3日～4日（同上，第81页）。

5 提奥致信乔，1889年2月28日；乔致信提奥，1889年3月10日（同上，第190页和第209页）。

6 乔致信米恩·邦格，1889年4月26日（同上，第27页）。

7 678号信件，1888年9月9日～14日；674号信件，1888年9月4日。

8 更多信息请在原版书参考书目部分检索“Bailey, 2016”，第153～154页。

9 凡·高博物馆的专家曾提出可能是不太明显的边缘型人格障碍（图书信息请在原版书参考书目部分检索“Bakker, Van Tilborgh and Prins, 2016”，第125页）。我不想断定凡·高患有边缘型人格障碍，但是这个疾病可以证明他非常惧怕被抛弃。更多相关信息，请参见：欧文·范·米克伦（Erwin van Meekeren），《星夜：凡·高的生活与精神病史》（*Starry Starry Night: Life and Psychiatric History of Vincent van Gogh*），贝内克（Benecke）出版社，阿姆斯特丹，2003年，第140～141页；约翰·休斯（John Hughes），《对凡·高癫痫发作的重新评估》（A Reappraisal of the Possible Seizures of Vincent van Gogh），医学期刊《*Epilepsy & Behavior*》，2005年6月版，第507页。

10 想要了解更多19世纪法国精神病院的资料，请参见：罗伯特·卡斯特尔（Robert Castel），《疯人院的管理制度：法国监禁制度的三种起源》，加州大学出版社，伯克利，1988年；扬尼克·里帕（Yannick Ripa），《女性与疯癫》（*Women & Madness: The Incarceration of Women in Nineteenth-Century France*），政治（Polity）出版社，剑桥，1990年。

11 886号信件，1881年11月18日。赫尔的相关资料首次出现于汉·范·克里姆彭（Han van Crimpen）、莫妮克·贝伦斯-阿尔伯特（Monique Berends-Albert），《凡·高的信》（*De Brieven van Vincent van Gogh*），出版者（Uitgeverij）出版社，海牙，1990年，第一卷，第437页。该地现名为“Geel”。

12 提奥致信乔，1889年3月16日（图书信息请在原版书参考书目部分检索“Jansen and Robert, 1999”，第222页）。

13 749号信件，1889年3月16日。

14 766号信件，1889年5月2日。

15 亨利·达格内特（Henri Dagonet），《精神疾病的治疗》（*Traité des Maladies Mentales*），巴利亚（Baillière）出版社，巴黎，1894年，最后的表格和地图（1888人）。

16 提奥当时在专心准备婚礼，加之圣保罗到巴黎路程遥远，可能因此他没有到过圣保罗，较此而言，更让人意外的还是凡·高在下决心住院前没有在1889年4月28日与萨勒牧师一起前去考察精神病院。

17 《普罗旺斯圣雷米的健康之家》（*Maison de Santé de Saint-Rémy de Provence*），1866年，第7~9页。

18 772号信件，1889年5月9日。

19 萨勒致信提奥，1889年4月19日（凡·高博物馆档案，b1050）。

20 提奥致信佩龙，1889年4月24日（图书信息请在原版书参考书目部分检索“Tralbaut, 1969”，第275页）。

21 762号信件，1889年4月24日。

第一章：入住（第27~34页）

1 772号信件，1889年5月9日。

2 《法国——鲜为人知的国家》，《瑞士大学图书馆》期刊，1988年8月，第319页。萨尤曾试图进入圣保罗精神病院，但是“这类建筑不好进，我没有选对时间，最终没能进去”（第320页）。

3 彭内尔在1888年9月到过圣雷米，创作了周边遗迹的速写。引自：哈里特·普雷斯顿（Harriet Preston），《普罗旺斯朝圣》（A Provençal Pilgrimage），《世纪》杂志，1890年7月，第329~330页和第332页；约瑟夫、伊丽莎白·彭内尔（Elizabeth Pennell），《普罗旺斯之游》，昂温（Unwin）出版社，伦敦，1892年，第32页。

4 保罗·马利顿，《普罗旺斯机场：路线杂志》（*La Terre Provençale: Journal de Route*），欧伦托夫（Ollendorff）出版社，巴黎，1890年，第129页（1888年8月16日进入圣保罗）。

5 没有留下名字的看门人曾送给作家玛丽·加斯一张凡·高签名的画稿，玛丽在二战期间将此画稿售出。从1886年和1891年的普查资料来看，圣保罗的看门人名叫“Résignier”（也可能拼作“Réssiguier”）。凡·高在圣诞节期间还给了他一笔小费（829号信件，约1889年12月19日）。

6 早期著名病患包括玛丽·拉法热（Marie Lafarge），1840年她被指控谋杀自己的丈夫，并因此被广为报道。1851~1852年间，她被关押于圣保罗精神病院。

7 《普罗旺斯圣雷米的健康之家》，1866年，第16页。

8 埃米尔·贝尔纳，《鹅毛笔》（*La Plume*）杂志，1891年9月，第300~301页。这篇短文包括一篇罕见的凡·高介绍，文章在凡·高去世不久后写成。

9 提奥致信佩龙，1889年4月24日（图书信息请在原版书参考书目部分检索“Tralbaut, 1969”，第275页）。

10 除了每月100法郎，提奥也支付了凡·高的其他开销，尤其是颜料和画布的开销。每月总金额大约250法郎，和凡·高在阿尔勒时差不多，可能略少一些。

11 1874年，法国对精神病院的调查显示当时男性病人每天可以饮用140~400毫升的葡萄酒，而凡·高每日饮酒500毫升[奥古斯丁·康斯坦斯（Augustin Constans）、卢德格尔·鲁尼尔（Ludger Lunier）和奥克塔夫·迪梅尼（Octave Dumesnil），《1874年精神病院服务报告》，民族（Nationale）出版社，巴黎，第217页]。多出的酒量是凡·高自己要求的（760号信件，1889年4月21日）。

12 782号信件，约1889年6月18日；787号信件，1889年7月6日。法国流行喝葡萄酒，“滴酒不沾”中的“酒”可能指烈酒。

13 萨勒致信提奥，1889年5月10日（凡·高博物馆档案，b1052）。

14 772号信件，1889年5月9日。

15 医疗记录（圣雷米精神病院登记册）（图书信息请在原版书参考书目部分检索“Bakker, Van Tilborgh and Prins, 2016”，第156~159页）。科奇奥特可能见过这份关键材料（图书信息请在原版书参考书目部分检索“Coquiot, 1923”，第226~227页）。最早的引用来自汉斯·埃森（Hans Evensen），《文森特·凡·高的精神疾病》，《精神病学和心理司法医学杂志》（*Allgemeine Zeitschrift für Psychiatrie und Psychisch-Gerichtliche Medizin*），1926年2月15日，第150~151页）。图书信息请在原版书参考书目部分检索“Doiteau and Leroy, 1926”，其第140页刊印了记录中的一页。图书信息请在原版书参考书目部分检索“Doiteau and Leroy, 1928”，其第84~85页刊印了完整的两页记录。记录（可能是照片）于1937年在巴黎现代艺术博物馆的“凡·高展”中展出（180号），1960年在雅克马尔·安德烈博物馆再次展出（426号）。图书信息请在原版书参考书目部分检索“Tralbaut, 1969”，该书第276~277页展示了一张照片（拍摄于20世纪50年代）。1960年后，似乎就没有病院以外的人接触过原始的医疗记录。

16 报告人为朱尔·乌尔帕（Jules Urpar）医生，时任阿尔勒病院医务长，1889年5月7日（医疗记录，图书信息请在原版书参考书目部分检索“Bakker, Van Tilborgh and Prins, 2016”，第156 页和第158页）。

17 凡·高告诉佩龙医生，“他的姨母患有癫痫，家族中还有几例类似病患”（医疗记录，图书信息同上，第157页和第159页）。凡·高还提到阿尔勒的菲利克斯·雷伊医生曾诊断他为癫痫（776号信件，约1889年5月23日；772号信件，1889年5月9日）。

18 772号信件，1889年5月9日。

第二章：封闭的花园（第35~46页）

1 777号信件，1889年5月31日~6月6日。

2 凡·高最初将此处称为花园（garden），不过从10月开始，他有时会用精神病院的定名，将此处称为公园（park）。

3 阿方斯·多纳（也被称作“Alfred”），《空气和场景的变化：医生的提示，以及比利牛斯、法国（内陆和海上）、瑞士、科西嘉岛和地中海的健康短途旅行记录》，国王（King）出版社，伦敦，1872年，第66页。

4 776号信件，约1889年5月23日。

5 以丁香花为主题的画作编号为F579。

6 凡·高可能很了解葛饰北斋的版画《鸢尾花和蚱蜢》（*Iris and a Grasshopper*，1832年）。

7 772号信件，1889年5月9日。

8 两位新来的病人分别是1889年5月27日入院的亨利·昂里克和1889年9月6日入院的约瑟夫·塞莱斯坦·蓬泰（圣雷米市政档案，3Q5）。

9 佩龙致信提奥，1889年5月26日（凡·高博物馆档案，b1058）。

10 776号信件，约1889年5月23日。

11 F609。

12 825号信件，1889年12月8日。

13 861号信件，1890年3月29日。1890年3月，巴黎独立艺术家协会展出了这张画。关于这幅灌木丛画的创作背景，请参见：科妮莉亚·康科德（Cornelia Homburg）等，《凡·高：进入灌木丛》（*Van Gogh: Into the Undergrowth*），辛辛那提艺术博物馆，2017年。

14 1940~1941年，有人拍到戈林在国家网球场现代美术馆（Galerie nationale du Jeu de Paume）欣赏该画作。

15 乔写给奥克塔夫·莫斯（Octave Maus）的信，1891年2月7日（图书信息请在原版书参考书目部分检索“Vellekoop and Zwikker, 2007”，第204页）。

16 785号信件，1889年7月2日。

17 另外三幅作品分别是F597、F610及F749。

18 文森特拥有葛饰北斋的《草的习作》（*Study of Grass*，1845年）的复印版。此画作刊登于《日本艺术》（*Le Japon Artistique*），1888年5月，图片C（686号信件，1889年9月23日~24日）。该复印版曾被贴在黄房子的墙上（768号信件，1890年5月3日）。

19 有两个版本，分别是图24和F659（1889年9月）。F659曾被怀疑为赝品，但现在被认为是真迹。请参见：艾拉·亨德里克斯（Ella Hendriks）和路易斯·范·蒂尔博格（Louis van Tilborgh），《凡·高〈精神病院花园一角〉是真品还是赝品？》，《伯灵顿杂志》，2001年3月，第145~156页。

20 822号信件，约1889年11月26日。

21 同上。这段描述可能针对F659，该画作的构图与图24一致。

22 868号信件，1890年5月4日。

第三章：精神病院里的生活（第47 ~ 56页）

1 783号信件，1889年6月25日。

2 776号信件，约1889年5月23日。

3 784号信件，1889年7月2日。该书为《迪克的莎士比亚作品全集》（*Dicks' Complete Edition of Shakspere's Works*），无法确定具体是哪个版本。

4 凡·高曾试图从亨利埃特·郎布洛（Henriette Lamblot）在阿尔勒经营的书店预定一本书，但没有成功（791号信件，1889年7月16日）。

5 凡·高在精神病院读了很多书，然而，与阿尔勒时期相比，他的信件更少提到文艺作品，这意味着他的阅读速度在减缓。见沃特·凡·德维（Wouter van der Veen），《凡·高：一种文学思想》（*Van Gogh: A Literary Mind*），凡·高博物馆，2009年。

6 虽然有少量信件丢失，23封来自提奥的信还是被保存了下来。1886年起，文森特和提奥常常在法国通信，次数远胜于在荷兰时。

7 628号信件，约1888年6月19日。

8 凡·高提到生病的时候他没有“下过楼”，这证明他的卧室在二楼（801号信件，1889年9月10日）。房间可能在二楼的尽头，离小教堂最远的地方（图书信息请在原版书参考书目部分检索“Marc Tralbaut, 1959”，第111页）。

9 大楼东侧的窗户顶上有固定的玻璃窗。下层的玻璃窗朝内开，外有百叶窗，窗户下方的墙面是内凹的。由于北侧的设计不同，这些细节都显示卧室在东侧。

10 776号信件，约1889年5月23日。

11 803号信件，1889年9月19日。凡·高可能画了一些从工作室看到的花园景色（如

F651、F731和F733）。

12 现实中，很难在精神病院获取画框，而且凡·高或许常常为了展示最新的作品并让画作风干而改变画作悬挂的位置，所以凡·高悬挂的可能是没有画框的作品。尽管两张“有画框”的作品通常被认为代表手稿，但其实这两张作品非常大，差不多和窗户一样宽，几乎可以肯定是油画。

13 图书信息请在原版书参考书目部分检索“Bakker, Van Tilborgh and Prins, 2016”，第59页。他们认为工作室在一楼是由于凡·高曾抱怨过大楼“地基”导致的潮湿（816号信件，约1889年11月3日）。然而，工作室当时没有供暖（825号信件，1889年12月8日），所以二楼的房间在冬天也可能潮湿。

14 版画《普罗旺斯圣雷米的健康之家》（1866年，第16页）展现了一楼窗户上有四块方形玻璃，而二楼窗户有三块玻璃（半圆形顶部下）。一张20世纪中叶的照片验证了这样的设计。在凡·高的花园风景画中，窗户离得有点远，不能提供足够的证据。在图23中，他删掉了半圆形的窗户顶部，而在一张近景中又出现了这一顶部（图34）。他承认图23是“简化过的”景象（810号信件，约1889年10月8日）。在画图28时，画家距离窗户不足两米，因此这张画作中的建筑物更加可信。

15 在显现修女后来的回忆中，凡·高在“入口左边的大房间”中作画（图书信息请在原版书参考书目部分检索“Coquiot, 1923”，第215页），这个房间应该就是公共休息室。但是似乎凡·高并不可能，也不希望在病人中作画，除非事发偶然，而且凡·高还强调他被分配了一间“空”房间（776号信件，约1889年5月23日）。

16 图书信息请在原版书参考书目部分检索“Vellekoop and Zwikker, 2007”，第249页和第255页。

17 这三张作品可能是在1889年5月~6月完成的。图书信息请在原版书参考书目部分检索“Pickvance, 1987”，第89页。但如果凡·高把这些画作寄给提奥，那么他不可能不在通信中提及如此私人的作品。

18 810号信件，约1889年10月8日；815号信件，约1889年10月25日。《精神病院花园中的树》（图25）可能出现在《工作室的窗户》（图28）中，前一张作品约于10月初（808号信件，1889年10月5日）开始创作，可能一直持续到10月中旬。《星空》在9月28日寄给提奥（806号信件，1889年9月28日），但也可能根据记忆在工作室内完成草图。

19 视角为大楼东侧和主楼的连接处，面朝北方。

20 783号信件，1889年6月25日。

21 图书信息请在原版书参考书目部分检索“Doiteau and Leroy, 1928”，第63页。圣保罗的平面图由约瑟夫·吉拉德（Joseph Girard）于1857年完成，临摹图由马塞尔·格斯诺特（Marcel Guesnot）于1959年9月12日完成（圣雷米市政档案，3Q7），平面图证明公共休息室就在门厅的北部。草图中的壁炉和20世纪50年代在同一房间拍的照片中的壁炉有些许类似（图书信息请在原版书参考书目部分检索“Vellekoop and

Zwikker, 2007”，第410页）。

22 佳士得拍卖，2012年2月7日。

第四章：精神病专家（第57～68页）

1 841号信件，1890年1月20日。

2 让-巴蒂斯·德斯克雷特（Jean-Baptiste Descuret），《激情之源》（*La Médecine des Passions ou les Passions*），贝彻特（Béchet）出版社，巴黎，1841年，第180页。

3 阿伯特·欧仁·德·塔米西耶，《圣雷米莱博》，奥巴内尔（Aubanel）出版社，阿维尼翁，1875年，第40页。

4 本尼迪克特-亨利·雷沃尔（Bénédict-Henry Révoil），《愚人节》，《杰出人物》（*Le Dessus du Panier*），赛多利斯（Sartorius）出版社，巴黎，1862年，第131页。文中未提及圣保罗，但精神病院就在南边（第128页），还提到了梅屈兰医生（第129页）。

5 安德烈·泰弗诺，《告别普罗旺斯》，《南方诗歌集》（*Méridionales, Poésies Intimes*），加尔辛（Garcin）出版社，阿尔勒，1835年，第258页。

6 路易斯·梅屈兰医生的女儿卡特琳（Catherine）后来和皮埃尔-艾梅·德·沙布朗（Pierre-Aimé de Chabrand）结婚，所有权随后也就传给了他们的后代。在凡·高时期，精神病院归奥贝尔·德·拉·卡斯蒂耶（Aubert de la Castille）所有。1868~1870年间，在医学总监皮埃尔-埃吉斯提·利勒（Dr Pierre-Egiste Lisle）任内，圣保罗曾与市政当局有矛盾。利勒正是《脑溢血和精神错乱的治疗》（*Du Traitement de la Congestion Cérébrale et de la Folie*），萨维（Savy）出版社，巴黎，1871年）的作者。埃米尔·布加雷尔（Emile Bourgarel）在精神病院一直工作到佩龙医生上任。

7 阿尔勒省监察长奥古斯丁·康斯坦斯的报告，1874年8月12日（圣雷米市政档案，3Q6）。奥古斯丁·康斯坦斯、卢德格尔·鲁尼尔和奥克塔夫·迪梅尼，《1874年精神病院服务报告》，民族出版社，巴黎，1878年。

8 图书信息请在原版书参考书目部分检索“Leroy, 1926”（第140页）和“Doiteau and Leroy, 1928”（第53页）。

9 泰奥菲勒·佩龙，《麻痹性痴呆的研究》（*Etude sur la Démence Paralytique*），克里斯廷（Cristin）出版社，蒙彼利埃，1859年。

10 维里于1879年5月23日至1880年6月17日期间在圣保罗住院（住院登记册，圣雷米档案馆，3Q5）。

11 维里，《十封精神病人的来信》，1884年，第八卷，第46页（唯一的复印件在法国国家图书馆）。此外，还可参见维里早期的匿名手册：排版工人（维里），《修道院业务：卡洛斯信件汇总》（*Affaire Monastério: Lettre Audit Carlos*），努韦勒（Nouvelle）出版社，里昂，1884年。

12 777号信件，1889年5月31日~6月6日。

13 关于“和蔼”，请参见：797号信件，1889年8月22日；798号信件，约1889年9月2日；801号信件，1889年9月10日；808号信件，1889年10月5日。关于“父亲”，请参见：806号信件，1889年9月28日；RM20号未寄出信件，1890年5月24日。

14 佩龙每月寄给提奥的报告信可能一直保存到了1913年，但是大部分信件现在似乎都丢失了（乔·邦格，《文森特·凡·高回忆录》，《凡·高书信全集》，泰晤士和哈德森出版社，1958年，第一卷）。少量信件被凡·高博物馆收藏（1889年4月29日、5月26日、6月9日、9月2日和1890年1月29日、2月24日、4月1日的信件），也可在原版书参考书目部分检索“Hulsker, 1971”（第24页、第39~44页）。提奥写给佩龙医生的一些信件可能还在圣保罗的档案中（1889年4月24日、5月23日、约12月8日的信件）。佩龙于1889年9月末前往巴黎（806号信件，1889年9月28日；807号信件，1889年10月4日）。

15 777号信件，1889年5月31日~6月6日。指出画中人是佩龙医生的文献，请在原版书参考书目部分检索“Coquiot, 1923”（第220页）和“Doiteau and Leroy, 1928”（第60页）。

16 维里将佩龙医生描述为“一半像西勒诺斯（Silenus），一半像福斯塔夫（Falstaff）”（《十封精神病人的来信》，1884年，第28页）。（译者注：西勒诺斯是希腊神话中的神祇，常以矮胖、骑着小毛驴的老头形象出现；福斯塔夫是莎士比亚《亨利四世》中喜爱饮酒和吹牛的人物。）

17 816号信件，约1889年11月3日。图书信息请在原版书参考书目部分检索“Doiteau and Leroy, 1928”，第77页。

18 约瑟夫·佩龙致信亨利·瓦内尔，1926年7月26日（原件转录版的复印版，收藏地不明）。图书信息请在原版书参考书目部分检索“Doiteau and Leroy, 1928”（第53~54页），也可参见：维克多·杜瓦托和埃德加·勒鲁瓦，《凡·高和雷伊博士的肖像画》，《阿斯克拉普》，1939年2月，第42页。

19 亨利·瓦内尔的父亲也叫亨利，是一位钟表匠。图书信息请在原版书参考书目部分检索“Doiteau and Leroy, 1926”（第186页）和“Marc Tralbaut, 1959”（第292页）。

20 约瑟夫·佩龙致信亨利·瓦内尔，1926年7月26日（原件的复印版，收藏地不明）。图书信息请在原版书参考书目部分检索“Marc Tralbaut, 1969”（第292页）和“Perruchot, 1955”（第346页）。关于瓦内尔，请参见：亨利·隆登（Henri Longdon），《对米雷奥知识的贡献》（Contribution à la Connaissance de Mirèio），《法国文学史杂志》，1954年1月，第86页。

21 西奥多·迪雷（Théodore Duret），《文森特·凡·高》，伯恩海姆-祖尼画廊（Bernheim-Jeune），巴黎，1916年，第78页。据说加斯凯从圣保罗门卫那里获得过一幅可能由凡·高创作的画稿[尚塔尔·古约特-德·隆巴顿（Chantal Guyot-de Lombardon）和马加里·朱安娜·贝松（Magali Jouannaud Besson），《玛丽和约阿希姆·加斯奎特》（*Marie et Joachim Gasquet*），艾克斯学院（Académie d'Aix）出版社，艾克斯，2011年，第26页]。

22 776号信件，约1889年5月23日。

23 800号信件，1889年9月5日和6日。

24 801号信件，1889年9月10日。

25 804号信件，1889年9月19日；801号信件，1889年9月10日。近来有一篇小说取材于让娜·特拉比克幻想的生活：苏珊·弗莱彻（Susan Fletcher），《让我告诉你一个我知道的男人》（*Let Me Tell You About a Man I Knew*），维拉戈（Virago）出版社，伦敦，2016年。

26 留存下来的让娜肖像在1927年被霍尔茨多夫（Holzdorf）的奥托·克雷布斯买下，在1945年由攻入德国的苏联红军获得并被秘密带回苏联。1995年，这幅画在艾尔米塔什博物馆展览，现在仍被该博物馆收藏（阿尔伯特·科斯特内维奇，《藏品揭秘》，艾尔米塔什博物馆，圣彼得堡，1995年，第232~235页）。

27 800号信件，1889年9月5日和6日。关于地点的更多图书信息，请在原版书参考书目部分检索“Bonnet, 1992”，第86~87页。1940年，小说家阿尔丰斯·都德的儿子——作家里昂·都德住在这里（直到1942年逝世）。

28 801号信件，1889年9月10日。

29 照片被圣雷米埃斯汀博物馆收藏，感谢菲利普·拉图雷勒（Philippe Latourelle）的帮助。左边坐着的人是弗雷德里克·乔治（Frédéric George），他后来成了杰出的摄影师，站着的人是他的兄弟约瑟夫（左）和路易斯（右）。有关住在圣保罗附近的乔治家族的信息，请参见：《1900年圣雷米：弗雷德里克·乔治的照片》，阿尔皮耶博物馆，圣雷米，1988年；马塞尔·伯内特（Marcel Bonnet），《圣雷米：弗雷德里克·乔治的照片编年史》，阿维尼翁（Equinoxe）出版社，马尔盖里泰，1992年。

30 836号信件，1890年1月4日。凡·高用了“garçon”（男孩或小伙子的意思）这个词。在1891年的审查中，仅有的一位小伙子就是时年26岁的护工约瑟夫·勒库林（Joseph Recoulin），但由于凡·高与普莱相熟，写生时还有普莱的陪同，所以画中人更可能是普莱。

31 图书信息请在原版书参考书目部分检索“Marc Tralbaut, 1969”，第288页。想要了解更多关于普莱的信息，请在原版书参考书目部分检索“de Beucken, 1938”（第109~111页、第120~122页、第133~134页和第157页）、“Piérard, 1946”（第187页）、“Jean-Denis Longuet, Dauphiné Libéré Dimanche, 5 April 1953”（第4页）和“Rewald, 1978”（第357页），也可参见让·巴尔蒂的日记（1931年12月25日、1934年12月21日和1936年9月22日）。

32 1908年巴黎的展览上，该画名为“园丁”（法文为“le jardinier”）。此画随后刊印在朱利斯·迈耶-格拉斐的《文森特·凡·高》[派珀（Piper）出版社，慕尼黑，1910年，第44页]中，名为《田地里的收割者》（*Schnitter im Feld*）。

33 手写笔记现藏于圣雷米埃斯汀博物馆，来自一位20世纪80年代不知名的当地学者的藏品，这位学者似乎有很多资料、非常严谨。笔记上的文字是“曾经在圣保罗当护士的路易斯·普莱根据祖父弗朗索瓦·普莱的描述，认为这是让·巴拉尔肖像（1861~1942年）的肖像”。分析这些线索可以发现，这张肖像画画的极可能是让·巴拉尔。笔记中，让·巴拉尔的出生日期也是准确的（1861年1月21日）；1887年12月28日在圣雷米结婚时，是农民；画肖像画时，他应该是28岁（从画上看确实吻合）；他的女儿阿德林在1890年5月10日出生；他当时是临时工。

34 让·巴拉尔，1861年1月21日生于埃拉格（Eyragues），1887年12月28日与玛丽·布兰（Marie Brun）在圣雷米结婚。

35 西奥多·迪雷，《文森特·凡·高》，伯恩海姆-祖尼画廊，巴黎，1916年，第78页。迪雷提到“园丁”的父母也被画了肖像画，但是他没有提到园丁的名字。

36 808号信件，1889年10月5日。2009版的信件中刊印了这幅肖像画，从女性的衣着和装扮来看，画作可能绘于19世纪40年代。

37 小教堂有一幅佚名画家所作的《圣保罗的皈依》（*The Conversion of Paul*）（可能创作于17世纪），这幅画现在还在小教堂中，但是保存状况不佳。

38 阿伯特·欧仁·德·塔米西耶，《圣雷米莱博》，奥巴内尔出版社，阿维尼翁，1875年，第19页。

39 他们要么从维梭（Vaisseau）来（同上，第40页），要么从附近的欧布纳（Aubenas）来（图书信息请在原版书参考书目部分检索“Leroy, 1926”，第182页），两个地方都在阿尔代什省。

40 照片取自：雅各布-巴尔特·德·拉·菲力，《凡·高的法国时代》（*L' Epoque Française de Van Gogh*），伯恩海姆-祖尼画廊，巴黎，1927年，第56页。

41 801号信件，1889年9月10日；807号信件，1889年10月4日。

42 图书信息请在原版书参考书目部分检索“Leroy, 1926”（第182页）和“Doiteau and Leroy, 1928”（第53页）。

43 图书信息请在原版书参考书目部分检索“Rewald, 1978”，第357页。关于显现修女的回忆，更多书名请在原版书参考书目部分检索“Coquiot, 1923”（第213~216页）、“Leroy, 1926”（第182和186页）、“Doiteau and Leroy, 1928”（第53页）、“Piérard, 1946”（第186页）、“Leprohon, 1964”（第343页）和“Leprohon, 1972”（第261页、第265~266页），也可参见科奇奥特在1922年前往普罗旺斯时的笔记（凡·高博物馆档案，b3348）。

第五章：麦田（第69～76页）

1 776号信件，约1889年5月23日。

2 777号信件，1889年5月31日~6月6日。

3 785号信件，1889年7月2日。凡·高在短短几天后就得到了乔怀孕的消息（786号信件，1889年7月5日）。更多关于凡·高的麦田的背景信息，请在原版书参考书目部分检索“Herzogenrath and Hansen，2002”，也可参见：多萝西·汉森（Dorothee Hansen）、劳伦斯·尼科尔斯（Lawrence Nichols）和朱迪·桑德（Judy Sund），《凡·高：田野》（*Van Gogh: Fields*），托莱多艺术博物馆，2003年；多萝西·科辛斯基（Dorothy Kosinski），《凡·高的麦捆》，达拉斯艺术博物馆，2006年。

4 805号信件，约1889年9月20日。

5 凡·高的卧室窗户几乎朝着正东方向，但他描绘的麦田却更偏向于东南方。少量麦田的画稿和油画都描绘了从下方看到的景色，这证明他可能是站在田野中作画，但大部分画作看起来是从他房间看到的风景。

6 在凡·高麦田画的背景中，农舍的位置各不相同[提奥·梅登多普（Teio Meedendorp），《凡·高的地形》，2012年，第110~113页]。

7 1889年5月15日，圣雷米的降水量为43毫米，而下半月降水量只有25毫米，6月降水量更是只有2毫米[埃鲁瑟·马斯卡特（Eleuthère Mascart），《1889年法国中央气象局年报》，戈蒂耶-维拉斯（Gauthier-Villars）出版社，巴黎，1891年，第110页和第132页]。凡·高从6月9日开始画《星空》（779号信件，1889年6月9日）。

8 779号信件，1889年6月9日。田野不是规则的方形，最左边转角的墙壁大约呈110度，这导致画作的透视看起来有些与众不同。

9 800号信件，1889年9月5日和6日。

10 同上。

11 同上。原作是F617（创作于1889年6月），小型复制品是F619。

12 790号信件，1889年7月14日~15日。

13 同上。

14 唐纳德·奥尔森（Donald Olson），《天体侦探》（*Celestial Sleuth*），施普林格（Springer）出版社，纽约，2014年，第57页。

15 埃鲁瑟·马斯卡特，《1889年法国中央气象局年报》，戈蒂耶-维拉斯出版社，巴黎，1891年，第220页；816号信件，约1889年11月3日。

16 827号信件，1889年12月9日~10日。

17 布鲁塞尔二十人社展览（1890年）和巴黎独立艺术家协会展览（1890年3月）都展出过这幅画。

18 曾有一些专家认为《绿色的麦田》创作于1889年5月，不过现在一般认为创作于1890年5月。

19 811号信件，约1889年10月21日。

第六章：星星（第77～86页）

1 777号信件，1889年5月31日~6月6日。

2 782号信件，约1889年6月18日。

3 594号信件，1888年4月9日；628号信件，1888年6月1日。

4 F474。

5 678号信件，1888年9月9日和约14日。

6 777号信件，1889年5月31日~6月6日。杜比尼和卢梭都创作了大量星空的画作。当然，凡·高可能有很多其他的灵感来源。1887年，提奥为自己的画廊购买了让-夏尔·卡赞（Jean-Charles Cazin）的《星空》（19世纪80年代中叶），当时凡·高住在巴黎（卡赞画星星的小点和凡·高的相去甚远）。卡赞的画于1976年10月15日被苏富比拍卖行卖出。凡·高所景仰的米勒也画过《星空》（1865年完成，现收藏于纽黑文耶鲁大学美术馆），凡·高应该知道这张画。他还可能见过詹姆斯·惠斯勒（James Whistler）的星空作品。

7 6月16日的信件列举了凡·高当时刚完成的作品，但是里面没有《星空》（780号信件，1889年6月16日），这张画在两天后完成（782号信件，约1889年6月18日）。关于画作的背景，请参见：劳伦·索思（Lauren Soth），《凡·高的痛苦》，《艺术通报》，1986年6月，第301~313页；更多参考书目请在原版书参考书目部分检索“Heugten, Pissarro and Stolwijk, 2008”和“Thomson, 2008”。

8 779号信件，1889年6月9日。

9 776号信件，约1889年5月23日。

10 782号信件，约1889年6月18日。

11 赵永辉等，《多光谱影像技术在绘画颜料定位中的应用研究》，《艺术研究中的计算机图像分析》（*Computer Image Analysis in the Study of Art*），影像科技与技术学会，圣何塞，2008年。

12 图书信息请在原版书参考书目部分检索“Bailey, 2016”，第103~105页。

13 596号信件，约1888年4月12日。在完成《星空》时，文森特告诉提奥，他认为自己的作品“在感觉上类似于”高更和贝尔纳的作品，后两位画家创作时都更依赖于想象（782号信件，约1889年6月18日）。

14 科奇奥特手稿，20世纪20年代早期，凡·高博物馆档案（b3348）。

15 805号信件，约1889年9月20日。高更的建议是在凡·高完成《星空》三个月后手写的，但他可能在和凡·高一起住在阿尔勒时就提过类似的意见。

16 阿尔丰斯·都德，《阿尔卑斯山的戴达伦》，玛普和弗拉马里翁（Marpon & Flammarion）出版社，巴黎，1886年，第34页。凡·高将阿尔皮耶山的石灰岩描述为“灰色或蓝色的”（772号信件，1889年5月9日）。

17 图书信息请在原版书参考书目部分检索“Van Heugten, Pissarro and Stolwijk, 2008”，第84页。

18 676号信件，1888年9月8日。提奥可能将葛饰北斋的版画寄送给了正在阿尔勒的文森特（676号信件，1888年9月8日，其中提到了“富岳三十六景”）。19世纪90年代，《神奈川冲浪里》在欧洲先锋派中风靡，凡·高就是这幅画早期的崇拜者，莫奈和亨利·里维埃（Henri Rivière）都珍藏了这幅画的复印件。

19 非常感谢格林尼治地区彼得·哈里逊天文馆的布伦丹·欧文斯，他为我进行了展示，还提出了极有价值的建议。关于其他的天文信息，请参见：阿尔伯特·布瓦姆（Albert Boime），《凡·高的星空：物质的历史和历史的问题》，《艺术杂志》，1984年12月，第86~103页；阿尔伯特·布瓦姆，《现代主义启示录中的“凡·高的星空之夜”》，密苏里大学，2008年，第1~51页；查尔斯·惠特尼（Charles Whitney），《凡·高的天空》，《艺术史》，1986年9月，第351~362页；唐纳德·奥尔森，《文森特·凡·高和法国的星空》，《天体侦探》，施普林格出版社，纽约，2014年，第46~47页和第61~62页。

20 619号信件，约1889年6月3日~4日。

21 《从正午到星空》，摘自：昂纳斯特·里斯（Ernest Rhys）编辑，《草叶集：沃尔特·惠特曼诗集》，斯科特（Scott）出版社，伦敦，1886年，第291~300页。

22 670号信件，约1888年8月26日。

23 119号信件，1877年6月4日~5日；120号信件，1877年6月12日；131号信件，1877年9月18日。诗作《在星空下》（*Under the Stars*，1875年）发表于《良言》（*Good Words*，1877年1月，第49页），后又刊登于《三十年来的新诗和旧诗》[迪娜·莫洛克·克雷克（Dinah Mulock Craik），麦克米伦（Macmillan）出版社，爱丁堡，1881年，第307~308页]。

24 638号信件，1888年7月9日~10日。1884年，高更住在鲁昂。

25 782号信件，约1889年6月18日；805号信件，约1889年9月20日。《星空》没有署名。

26 813号信件，1889年10月22日；822号信件，约1889年11月26日。

27 《巴黎回声报》（*L' Echo de Paris*），1891年3月31日。米尔博认识提奥和乔，但他更可能是在唐吉的店铺中见到《星空》的。唐吉和他是朋友，并且也收藏了很多凡·高的作品。这张画出现在1890年末一份由乔的哥哥安德里斯·邦格（Andries Bonger）编写的财产清单中，这份清单可能在1891年被寄给乔。它是清单中的181号，另一种笔迹在旁边添加了“独立艺术家协会”（Les astres with Indép）的字样，其增加的内容是错误的，因为1889年9月独立艺术家协会展览中的作品是清单上的121号，也就是《罗讷河上的星空》（F474）。

28 这篇小说首先连载于《巴黎回声报》（1892年9月~1893年5月）。再版时名为《在空中》[伊乔普（L'Echoppe）出版社，吐桑，1989年]。英文版：安·斯特辛格（Ann Sterzinger），《在空中》，九带（Nine-Banded）出版社，查尔斯顿，2015年，第103页。米尔博在1892年购买了《鸢尾花》（图18），在1901年左右购买了《麦田和柏树》（图71），这足以反映他对凡·高的热爱。

29 《星空》展出于巴黎伯恩海姆-祖尼画廊（1901年，65号）、阿姆斯特丹市博物馆（Stedelijk Museum，1905年，199号）、鹿特丹奥登西尔画廊（Oldenzeel，1906年，47号）、 鹿特丹艺术协会（1910年，35号）、鹿特丹博伊曼斯博物馆（Boymans Museum，1927 年，33号）和纽约现代艺术博物馆（1937年，目录未列出）。

30 勒克莱尔致信乔，约1900年、1900年12月28日、1901年3月15日、1901年4月5日（凡·高博物馆档案，b5738、b4131、b4138和b4141）。

31 克里斯·斯托维克（Chris Stolwijk）和汉·维恩博斯（Han Veenenbos），《提奥·凡·高和乔·凡·高·邦格的账簿》，凡·高博物馆，阿姆斯特丹，2002年，第181页（亦可参见第48、51、125页）。图书信息请在原版书参考书目部分检索“Feilchenfeldt, 2013”，第21~22页。1901年，朱利安·勒克莱尔去世。1906年的交易人是鹿特丹的奥登西尔。请参见奥登西尔致信乔，1906年2月19日、3月7日及13日（凡·高博物馆档案，b5438、b5439和b5440）。

32 德克·汉内马（Dirk Hannema），《我作为收藏家和博物馆馆长的生活》（*Flitsen uit mijn Leven als Verzamelaar en Museumdirecteur*），东科尔（Donker）出版社，鹿特丹，1973年，第56页。

33 这笔交易通过海牙画商凡·威瑟林（Van Wisselingh）提出。参见《绿色阿姆斯特丹》（1936年7月3日）和纽约现代艺术博物馆档案。

34 开尔文·德·维特（Kelvin de Veth），《星光灿烂的夜晚：星光灿烂的夜晚120年》（*Starry Starry Night: 120 jaar De Sterrennacht*），论文，蒂尔堡大学，2009年，第6页。

35 感谢博物馆高级专家林恩·罗瑟（Lynn Rother）提供的信息。《扶手椅上的维克多·肖凯肖像》（1877年）现藏于哥伦布美术馆（Columbus Museum of Art），《水果与美酒》（约1890年）现藏于神奈川县波拉美术馆（Pola Museum of Art），《穿粉色衣服的迈·贝尔福》（1895年）现藏于克利夫兰艺术博物馆。一封1941年6月17日由保罗·罗森贝格写给阿尔弗雷德·巴尔（Alfred Barr）的信件证明了这次交换。罗森贝格提到他支付了25500美元，包括给德·拉·菲力的佣金[罗森堡致信巴尔，1941年6月4日。感谢玛丽安娜·罗森贝格（Marianne Rosenberg）提供信件]。

36 782号信件，约1889年6月18日；805号信件，约1889年9月20日；806号信件，1889年9月28日；813号信件，1889年10月22日。该段中提到的标题翻译自法语。

37 凡·高此前在阿尔勒画的《罗讷河上的星空》（F474）在1889年9月的独立艺术家协会展览上被命名为《星空》（*Nuit Étoilée*）。凡·高在阿尔勒和圣保罗创作的两张画作名字相似，并且经常变更标题，这让许多研究画作早期历史的凡·高学者感到迷惑。

38 1972年，画作《星空》激发唐·麦克莱恩（Don McLean）创作了歌曲《文森特》，歌曲的开头就是该画的名字“Starry, Starry Night”。

第七章：墙外（第87~98页）

1 787号信件，1889年7月6日。

2 777号信件，1889年5月31日~6月6日。

3 佩龙致信提奥，1889年9月（凡·高博物馆档案，b1060）。

4 《普罗旺斯圣雷米的健康之家》，1866年，第5页。一份海报也用过该画的图片（图1）。

5 更多关于巴勒莫兹名字的图书信息，请在原版书参考书目部分检索“Murphy, 2016”，第94~95页。

6 797号信件，1889年8月22日。引言摘自《拉维先生》（*Le Sens de la Vie*，爱德华·罗德，佩兰出版社，巴黎，1889年，第223页）。

7 890号信件，1890年6月23日。博赫与文森特和提奥交换了一张展现煤矿场景的作品《博里纳格弗雷姆斯的阿格雷普矿》（*Agrappe Mine in Frameries Borinage*，1888~1890年，凡·高博物馆，阿姆斯特丹）。该作品让凡·高想起1879~1880年在博里纳传教的日子。

8 797号信件，1889年8月22日。凡·高在1889年7月16日或17日犯病，在8月22日恢复。他当时画的采石场画作是F744。诺埃石矿又称萨拉德（Salade）石矿。

9 805号信件，约1889年9月20日。凡·高在1889年10月画了另一张采石场画作（F635）。

10 809号信件，约1889年10月8日。

11 梅塔·查瓦内斯（Meta Chavannes）和路易斯·范·蒂尔博格，《失踪的凡·高揭开面纱》，《伯灵顿杂志》，2007年8月，第548页。

12 凡·高后来在1889年12月于工作室画了另一个版本。

13 859号信件，约1890年3月20日。

14 布鲁瓦兹·沃拉尔（Ambroise Vollard），《作品经销商的回忆录》，多佛（Dover）出版社，纽约，1978年，第174页。书中，沃拉尔将这张画称为“淡紫色调的风景”。高更在1887年捐赠的两幅《向日葵》是F375和F376。

15 梅塔·查瓦内斯和路易斯·范·蒂尔博格，《失踪的凡·高揭开面纱》，《伯灵顿杂志》，2007年8月，第546~550页。

16 826号信件，1889年12月7日；827号信件，1889年12月9日~10日。

17 无法确定毕沙罗交换了哪一幅画作（克里斯·斯托维克和汉·维恩博斯，《提奥·凡·高和乔·凡·高·邦格的账簿》，凡·高博物馆，阿姆斯特丹，2002年，第24页和第199页）。

18 806号信件，1889年9月28日。

19 他精神状况良好时（1889年6月初到7月中旬、9月中旬到12月末及1890年初的一小段时间），有时会在精神病院外作画。

20 他画过一次“距此地几小时路程的”葡萄园（可能是F726），可能需要走10公里才能到达该地（811号信件，约1889年10月21日）。

21 他1890年2月独自前往阿尔勒，可能在1889年11月和1890年1月也独自去过该地。

22 人口审查结果显示，1886年圣雷米及其周边的总人口为5757人。

23 他信中很少提到去集镇购物的经历。他买过“亚麻布”（808号信件，1889年10月5日）和一套西服（854号信件，1890年2月12日），但不明确是在圣雷米购买的，还是通过来到精神病院的售货员购买的。

24 779号信件，1889年6月9日。信中描述了他第一次到圣雷米的场景，有几处提到《道路修理工》，还有几处提到“圣雷米”，但他说的“圣雷米”是指精神病院及其周围，并不指代圣雷米镇。

25 779号信件，1889年6月9日。凡·高伤残的耳朵和他人的陪同无疑让镇上见到他的人感到恐惧。

26 爱德蒙和朱尔斯·德·龚古尔，《龚古尔报》（*Journal des Goncourt*），夏庞蒂埃（Charpentier）出版社，巴黎，1894年，第七卷，第72页。

27 824号信件，1889年12月7日。凡·高在阿尔勒时画的《黄房子》（F464）也描绘了道路施工的景象。凡·高和龚古尔都把这些树看作悬铃木，但实际上有些悬铃木已经被榆树替代。

28 图书信息请在原版书参考书目部分检索“Marc Tralbaut, 1969”，第294页。20世纪50年代的照片拍摄了同一批树，但这些树在60年中没有变得很茂密，所以看起来并不太像。这意味着在凡·高走后，之前的古树就被砍掉，并种上了其他树木。凡·高从靠城镇的一侧（有宽阔的人行道）看到此风景，他面朝林荫道外围的房子。

29 凡·高在1889年12月画了这一场景。一份1890年2月1日的文件记录了东部大道的工程，款项批准于1890年6月22日（圣雷米市政档案，1O10 和 1D21）。凡·高的原作和市政记录的时间不同，这实在是耐人寻味，不过可能文件是在工程完成后撰写的。

30 这种材料名为“torchon”，除制作茶巾外，也被用于服装或家居装饰。凡·高在这种材料上画了另一幅风景画（F721）。图书信息请在原版书参考书目部分检索“Eliza Rathbone and others, 2013”（第141~153页）和“Vellekoop and others, 2013”（第309页和第328页）。此外，也可参见：莱恩·汤金（Leanne Tonkin）和马西娅·斯蒂尔（Marcia Steele），《努力追求原创性和真实性》（*Striving towards Originality and Authenticity*），《ICON新闻》，2016年1月，第14~17页。

31 834号信件，1890年1月3日。

32 838号信件，1890年1月8日。

33 801号信件，1889年9月10日。

第八章：橄榄树丛（第99～106页）

1 763号信件，1889年4月28日。

2 805号信件，约1888年9月20日。

3 《星空》和《橄榄树丛和阿尔皮耶山》先后于1941年和1998年被纽约现代艺术博物馆收藏。

4 805号信件，约1889年9月20日。

5 806号信件，1889年9月28日。

6 这16幅以橄榄树丛为主题的绘画分别是图37、图63~67、图69、F586、F587、F654、F656、F708、F709、F710、F714和F715。当地农民弗朗索瓦·里佩尔（François Ripert）曾回忆过凡·高在当地橄榄树丛中作画的场景（让·巴尔蒂的日记，1934年11月28日和1939年2月5日），不过他的论述没有在凡·高相关文献中出现。圣雷米的橄榄树丛在1956年因严寒大面积死亡，没有多少古树留存下来。

7 新闻稿，纳尔逊-阿特金斯艺术博物馆，2017年11月6日。

8 关于这张画作，请参见：琼·格里尔（Joan Greer），《现代的喀西马尼园：文森特·凡·高的〈橄榄树丛〉》（*A Modern Gethsemane: Vincent van Gogh's Olive Grove*），《凡·高博物馆杂志》，2001年，第106~117页。

9 前两个版本是F654和F656。

10 841号信件，1890年1月20日；840号信件，约1890年1月17日。凡·高的小型画作没有保存下来。

11 820号信件，约1889年11月19日。高更的《橄榄园里的基督》（*Christ in the Garden of Olives*，1889年）现藏于诺顿西蒙美术馆。贝尔纳的《橄榄园里的基督》（1889年）现为个人收藏，公开的仅有一张黑白照片。

12 823号信件，1889年11月26日。

13 685号信件，1888年9月21日。

14 RM21号未寄出信件，1890年5月25日。

第九章：柏树（第107～114页）

1 783号信件，1889年6月25日。

2 同上。凡·高可能记得阿尔勒共和广场的方尖碑（实际上是罗马纪念碑）。

3 阿梅迪·皮肖特（Amédée Pichot），《圣雷米的柏树》，《阿尔勒女人》（*Arlésiennes*），阿歇特（Hachette）出版社，巴黎，1860年，第67~72页。

4 850号信件，1890年2月1日；783号信件，1889年6月25日。

5 约翰·莱顿（John Leighton）、安东尼·里夫（Anthony Reeve）、阿肖克·罗伊（Ashok Roy）和雷蒙德·怀特（Raymond White），《文森特·凡·高的〈麦田和柏树〉》，《国家美术馆技术简报》，1987年，第42~59页；苏珊·艾莉森·斯坦（Susan Alyson Stein）和亚瑟·米勒（Asher Miller）编辑，《安纳伯格收藏》（*The Annenberg Collection*），大都会艺术博物馆，纽约，2009年，第206~211页。9月，凡·高画了一张仿制版（F615），还为母亲和维尔画了更小的版本（F743）。

6 823号信件，1889年11月26日。尽管凡·高写下了“英格兰”，但里德是苏格兰人，所以凡·高可能指“英国”。他此前还形容图73中的色彩是“多彩的苏格兰格子”，这也进一步证明与里德有关（784号信件，1889年7月2日）。后来，凡·高重新决定将作品卖到“苏格兰”（854号信件，1890年2月12日）。

7 836号信件，1890年1月4日。

8 864号信件，1890年4月29日。

9 《孤岛：文森特·凡·高》（*Les Isolés: Vincent van Gogh*），《法国信使》，1890年1月，第24页。该文章的精简版刊登于比利时期刊《现代艺术》（1890年1月19日，第20~22页）。

10 853号信件，1890年2月9日~10日；867号信件，1890年5月3日。凡·高在1890年2月画了另一个版本的《有两位女性的柏树风景》（F621）。

11 RM23号未寄出信件，约1890年6月17日。13幅以柏树为主题的画作分别是：图25、图49、图70、图71、图72、图73、图74、F621、F623、F704、F717、F731和F743（其他画作中也出现过相对更小的柏树）。

第十章：同伴（第115~122页）

1 776号信件，约1889年5月23日。

2 772号信件，1889年5月9日。

3 维里，《十封精神病人的来信》，1884年，第51页。

4 776号信件，约1889年5月23日；832号信件，约1889年12月23日。

5 776号信件，约1889年5月23日；801号信件，1889年9月10日。

6 776号信件，1889年5月23日。

7 排版工人（维里），《修道院业务：卡洛斯信件汇总》，努韦勒出版社，里昂，1884年，第3页。

8 缺少模特是凡·高在圣保罗一直面临的难题。请参见782号信件，约1889年6月18日；798号信件，约1889年9月2日；805号信件，约1889年9月20日；812号信件，约1889年10月21日；820号信件，约1889年11月19日；822号信件，约1889年11月26日。

9 811号信件，约1889年10月21日；867号信件，1890年5月3日。

10 这幅肖像画曾在多个不同主题的展览中展出，包括德国表现主义（马赛，1965年）、心理健康（哈勒姆和豪达，1983~1984年）、艺术和疯狂（维也纳，1997年）、当代艺术（阿姆斯特丹，2003年）和疯狂（阿姆斯特丹，2016年）。画中的男性看起来在50岁左右，两位在此年龄段的病人是路易斯·比扎利翁（52岁）和艾蒂安·迪福（55岁）。

11 1889年5月圣保罗精神病院工作人员及病人登记册的影印版（凡·高博物馆档案）。杜瓦托和勒鲁瓦（1928年，第56页）认为这位患者编号是“une dizaine”（大约10号），但实际编号是20号左右。

12 医疗记录（圣雷米精神病院登记册）一直不对外开放，唯有凡·高住院的那一页的照片曾公开过。图书信息请在原版书参考书目部分检索“Doiteau and Leroy, 1928”（第84~85页）、“Marc Tralbaut, 1969”（第276~277，该书中的黑白照片已上色）和“Bakker, Van Tilborgh and Prins, 2016”（第158~159页）。检索“Leroy, 1926”和“Doiteau and Leroy, 1928”，两本书用类似的语句根据医疗记录报告了许多病人的病况，但并没有提及病人的名字。住院登记册（圣雷米市政档案，3Q5）记录了病人的姓名和住院日期，但没有记录病况。1886年和1891年的审查记录（1F10和1F11）不包含病人，但在1891年的家庭审查中有所列举（1F24）。不同文件中名字的拼写可能会有所不同，本书采用最有可能的拼法。对于病人隐私的论述，请参见前言部分的注释7。

13 图书信息请在原版书参考书目部分检索“Leroy, 1926”（第156页）和“Doiteau and Leroy, 1928”（第60页）。两本参考书提出让·雷韦洛当时23岁。他在住院登记册（3Q5）上的名字是“Ravelo”（1889年7月29日或30日是他23岁的生日，也就是凡·高住院后不久）。更多关于雷韦洛（正确拼写是“Revello”）的信息，请参见圣雷米市政档案（3Q4）。

14 776号信件，约1889年5月23日。

15 图书信息请在原版书参考书目部分检索“Leroy, 1926”（第158页）和“Doiteau and Leroy, 1928”（第63页）。两本参考书记录了若阿基姆·雷内里的年龄（26岁）和病况。住院登记册（圣雷米市政档案，3Q5）证明他的入住日期为1889年2月3日，还给出了他的年龄（26岁）和此前的居住地（尼姆）。

16 图书信息请在原版书参考书目部分检索“Leroy, 1926”（第156~157页）和“Doiteau and Leroy, 1928”（第61页）。律师的身份还没有确定。律师欧仁·菲杰埃尔1883年入住圣保罗，1886年8月17日死于普罗旺斯艾克斯，时年52岁，所以应该不是他。除非勒鲁瓦弄错出现幻觉的病人的职业，否则凡·高入住时可能还有一位律师正在住院。

17 776号信件，约1889年5月23日。

18 阿尔伯特·德隆医生1889年2月7日和佩龙医生1889年5月8日、9日、25日的报告（图书信息请在原版书参考书目部分检索“Bakker, Van Tilborgh and Prins, 2016”，第141~143页和第156~159页）。

19 图书信息请在原版书参考书目部分检索“Leroy, 1926”（第157页）和“Doiteau and Leroy, 1928”（第61页）。因为这个巧合，人们可能会好奇杜瓦托和勒鲁瓦是否搞混了两个人，但凡·高的论断证明菲杰埃尔确实出现过类似症状。

20 图书信息请在原版书参考书目部分检索“De Beucken, 1938”（第107~108页）和“Perruchot, 1955”（第313页）。

21 1891年的审查报告还列出了3位年长的病人，这3位病人没有出现在1855~1876年和1896~1892年的住院登记册（圣雷米市政档案，3Q5）中，因此他们要么在1855年前入院，要么出于某些原因没有被登记。他们是让·比斯科里（1889年时76岁）、让·卡拉桑（Jean Carrassan，1889年时64岁）和保林·西嘉德（Paulin Sicard，52岁）。凡·高（入住时36岁）提到有些病患比他“年长很多”。865号信件，约1890年5月1日。凡·高住院期间，3位病人可能也在病院。这就意味着凡·高住院前的18位病人中有5位没有留下名字。

22 图书信息请在原版书参考书目部分检索“Leroy, 1926”（第157~158页）、“Doiteau and Leroy, 1928”（第62~63页）和“Coquiot, 1923”（第226~227页）。其中，科奇奥特的信息可能来自勒鲁瓦、显现修女，或直接来自他1922年访问病院时见到的医疗记录。

23 昂里克的年龄未知。住院登记册（圣雷米市政档案，3Q5）表明他当时40岁。尽管勒鲁瓦没有提及名字，但提到有一位病人在5月27日入院时为27岁，他可能是将年龄和日期弄混了。图书信息请在原版书参考书目部分检索“Leroy, 1926”（第157页）和“Doiteau and Leroy, 1928”（第62页）。

24 图书信息请在原版书参考书目部分检索“Leroy, 1926”（第157~158页）和“Doiteau and Leroy, 1928”（第62页）。

25 777号信件，1889年5月31日~6月。

26 泰雷兹·路易斯和雅克·欧仁均来自马赛，年龄相仿。前者在1862年住院过一小段时间，1868年和1872年再次入院，1873年出院。后者在1875年住院几个月，1890年再次住院（当时凡·高刚出院不久）。

27 例如，1885年凡·高与朋友安东·凡·拉帕德（Anthon van Rappard）争吵和决裂。

28 836号信件，1890年1月4日。

第十一章：崩溃（第123~130页）

1 801号信件，1889年9月10日。

2 凡·高常常使用“crise”（犯病）或“attaque”（突然犯病）描述犯病，佩龙医生则使用“accès”，这个词可以译成以上两个英文词。

3 提奥致信乔，1889年2月14日（图书信息请在原版书参考书目部分检索“Jansen and

Robert, 1999”，第161~162页）。

4 779号信件，1889年6月9日；743号信件，1889年1月28日。

5 阿尔伯特·德隆医生1889年2月7日报告（图书信息请在原版书参考书目部分检索“Bakker, Van Tilborgh and Prins, 2016”，第141~143页）。

6 圣保罗医疗记录（图书信息请在原版书参考书目部分检索“Bakker, Van Tilborgh and Prins, 2016”，第156~159页）。

7 关于背景和治疗情况，请参见：欧内斯特·康佩拉特（Ernest Compérat），《幻听和幻视》，帕伦特（Parent）出版社，巴黎，1872年；加布里埃尔·德斯库蒂斯（Gabriel Descourtis），《幻听》，马森（Masson）出版社，巴黎，1889年；朱尔斯·塞格拉斯（Jules Séglas），《幻听的发生机制与病理生理学》，克雷平-勒布朗（Crépin-Leblond）出版社，南锡，1896年；雷内·勒盖（René Legay），《听觉器官与幻听的关系试验》（*Essai sur les Rapports de l' Organe Auditif avec les Hallucinations de l'Ouïe*），斯坦海尔（Steinheil）出版社，巴黎，1898年。

8 自残或割耳是极端事件，但在最近的医疗文献中记录了一条这样的病例。一位患有精神分裂症的18岁男孩因“命令性幻觉而割掉了自己的两只耳朵”。《凡·高综合征：一例罕见的双侧耳损伤》，《印度耳科学杂志》，2011年6月1日，该文被凡·高研究者引用，请在原版书参考书目部分检索“Bakker, Van Tilborgh and Prins, 2016”（第39~40页）。

9 乔致信米恩·邦格，1889年8月9日（凡·高博物馆档案，b4292）。

10 797号信件，1889年8月22日。

11 图书信息请在原版书参考书目部分检索“De Beucken, 1938”，第134页。作者提到凡·高被送到一间为“gâteux”（老年人）准备的房间里，不过房间似乎更可能是为“agités”（焦虑的人）准备的。两种房间毗邻，都在东侧的一楼，而凡·高的卧室位于二楼的尽头。圣保罗的平面图由约瑟夫·吉拉德（Joseph Girard）于1857年完成，临摹图由马塞尔·格斯诺特（Marcel Guesnot）于1959年9月12日完成（圣雷米市政档案，3Q7）。

12 图书信息请在原版书参考书目部分检索“Marc Tralbaut, 1969”（第274页）和“Marc Tralbaut, 1958”（第110页）。照片可能是委托拍摄的，并非马克·特拉尔波特本人拍摄。

13 812号信件，约1889年10月21日；794号信件，1889年8月4日。

14 797号信件，1889年8月22日。

15 801号信件，1889年9月10日；797号信件，1889年8月22日。

16 800号信件，1889年9月5日和6日。凡·高后来在秋季画了同一场景的不同版本（F706）。

17 佩龙致信提奥，约1889年9月2日（凡·高博物馆档案，b650）。这段话是798号信件（约1889年9月2日）的附言。

18 810号信件，约1889年10月8日。

19 凡·高三次前往阿尔勒都是在周末，因此这次旅行可能在11月的16日~17日。

20 确定加布丽埃勒·贝拉蒂埃的身份时，参考书目包括：马丁·贝利，《阿尔勒之谜》，《阿波罗》杂志，2016年12月，第84~88页。此外，更多图书信息请在原版书参考书目部分检索“Murphy, 2016”。

21 632号信件，1888年6月26日；683号信件，1888年9月18日。

22 833号信件，1889年12月31日~1890年1月1日。凡·高预料到了这次犯病，他害怕“圣诞节又一次犯病”（800号信件，1889年9月5日和6日；805号信件，约1889年9月20日）。

23 835号信件，1890年1月3日。然而，838号信件（1890年1月8日）证明佩龙医生可能起初反应过激。

24 836号信件，1890年1月4日。1897年萨勒去世后，静物画以200法郎的价格卖给萨勒的女儿露西·拉泽尔吉（Lucie Laserges），此画现已丢失。请参见：本诺·斯托克维斯（Benno Stokvis），《文森特·凡·高在阿尔勒》，《甘德艺术》，1929年1月，第6页。

25 佩龙致信提奥，1890年1月29日（凡·高博物馆档案，b1061）。阿尔勒之行大约在1890年1月18日或19日，两天后（1月20日或21日）凡·高就犯病了。

26 850号信件，1890年2月1日。

27 佩龙致信提奥，1890年2月24日（凡·高博物馆档案，b1062）。

28 同上。凡·高的第一次崩溃发生于1889年7月从阿尔勒归来后，第二次在阿尔勒割耳事件一周年时，第三次在1890年1月阿尔勒之行两天后，第四次为1890年在阿尔勒时。

29 857号信件，约1890年3月17日。

30 佩龙致信提奥，1890年4月1日（凡·高博物馆档案，b1063）。

31 860号信件，1890年3月29日；863号信件，1890年4月29日。有趣的是，提奥从未到过圣保罗。

32 医疗记录中佩龙医生1890年5月16日的笔记（图书信息请在原版书参考书目部分检索“Bakker, Van Tilborgh and Prins, 2016”，第157页）。佩龙提到“garçon”（男孩）。当时只有两位男性员工在30岁以下，分别是普莱（25岁）和青年护工约瑟夫·勒库林（24岁）。

33 显现修女曾报告凡·高试图吞食颜料。普莱提到过凡·高试图吞颜料和松节油或三管颜料。图书信息请在原版书参考书目部分检索“Pierard, 1946”（第186页）、“De Beucken, 1938”（第133~134页）和“Marc Tralbaut, 1969”（第290页）。凡·高在阿尔勒时也出现过类似状况，西尼亚克于文中提到，在1889年2月，凡·高“想要喝一升松节油”（图书信息请在原版书参考书目部分检索“Coquiot, 1923”，第194页）。

34 萨勒致信提奥，1889年2月7日（凡·高博物馆档案，b1046）。对中毒的恐惧致使病院工作人员在凡·高犯病期间难以给他喂食。

35 阿尔伯特·德隆医生1889年2月7日报告（图书信息请在原版书参考书目部分检索“Bakker, Van Tilborgh and Prins, 2016”，第141~143页）。

36 812号信件，1889年10月21日；807号信件，1889年10月4日。

37 图书信息请在原版书参考书目部分检索“Bakker, Van Tilborgh and Prins, 2016”，第123页。

38 743号信件，1889年1月28日。勒鲁瓦认为凡·高可能在圣保罗被注射了溴化钾（图书信息请在原版书参考书目部分检索“Doiteau and Leroy, 1928”，第64页）。

39 782号信件，1889年6月18日；776号信件，1889年5月23日。

40 801号信件，1889年9月10日。

41 关于凡·高的病情，有一份全面的文献。两本重要的、时代久远的专著分别是：亨贝托·纳格拉（Humberto Nagera），《凡·高的心理学研究》，艾伦和昂温（Allen & Unwin）出版社，伦敦，1967年；阿尔伯特·鲁宾（Albert Lubin），《地球上的陌生人：文森特·凡·高的心理传记》，霍尔特（Holt）出版社，纽约，1972年。更多图书信息请在原版书参考书目部分检索“Bakker, Van Tilborgh and Prins, 2016”（堪称近年来的最佳资料）。2016年9月14日~15日，凡·高博物馆举办的凡·高病情专题研讨会聚集了顶尖的专家，却没有得出定论。

42 图书信息请在原版书参考书目部分检索“Bakker, Van Tilborgh and Prins, 2016”，第121~128页。

第十二章：镜像（第131~138页）

1 800号信件，1889年9月5日和6日。

2 同上。凡·高称这张自画像是“在我生病时”完成的（805号信件，约1889年9月20日），但他的意思肯定是在刚恢复时完成。他开始画这幅画的时间与《田野与耕种者》（图79）的时间差不多。

3 另一张有绷带的自画像是F529。

4 800号信件，1889年9月5日和6日。

5 815号信件，约1889年10月25日。

6 760号信件，1889年4月21日。

7 805号信件，约1889年9月20日。

8 800号信件，1889年9月5日和6日。

9 877号信件，1890年6月3日；879号信件，1890年6月5日。

10 811号信件，约1889年10月21日。

11 650号信件，1888年7月29日。凡·高在信中写道：在1872年的画作中他看起来不再像疯了的画家，倒更像“平和的修道院院长”。请参见：埃米尔·沃特斯（Emile Wauters）的《红色修道院中的画家雨果·凡·德·古斯》（*The Painter Hugo van*

der Goes in the Red Cloister，比利时皇家美术馆，布鲁塞尔）。

12 对卧室画的分析，请参见：格洛丽亚·格鲁姆（Gloria Groom）编辑，《凡·高的卧室》，芝加哥艺术学院，2016年。

13 在凡·高要求下，提奥在1889年6月将原始的《卧室》（F482）寄到圣保罗，这样凡·高就可以临摹了。凡·高根据小的临摹版本，在9月又画了一幅大的版本（F484）。

14 812号信件，约1889年10月21日。为安娜和维尔所作的油画（包括《收橄榄的女士们》，图69）在12月6日被寄给提奥。

15 804号信件，1889年9月19日。

第十三章：转换成色彩（第139～154页）

1 839号信件，约1890年1月13日。

2 除了28幅临摹自其他艺术家版画的油画，还有4幅留存下来的画作根据高更的画稿和1幅自己的版画绘成。

3 805号信件，约1889年9月20日。凡·高临摹画作的相关背景，请在原版书参考书目部分检索“Homburg, 1996”。

4 《安东·克塞梅克斯（Anton Kerssemakers）的回忆》，《凡·高书信全集》，泰晤士和哈德森出版社，1958年，第二卷，第447页。圣保罗有一架提供给女病患的钢琴，但男宿舍没有钢琴。

5 839号信件，约1889年1月13日。

6 801号信件，1889年9月10日。

7 凡·高为此画作的小型版本（F757）。德拉克罗瓦的原作（1850年）为凡·高大型版本的一半大小，现藏于荷兰国家博物馆。这张版画和凡·高的系列画作都是基于德拉克罗瓦原作的黑白印刷品创作的。

8 804号信件，1889年9月19日。

9 804号信件，1889年9月19日；801号信件，1889年9月10日。

10 凡·高在圣保罗临摹了5幅宗教画：2幅《哀悼基督》（图86和F757）、德拉克罗瓦的《善良的撒玛利亚人》（*Good Samaritan*，F633）、伦勃朗的《拉萨路的复活》（*Raising of Lazarus*，F677）和伦勃朗追随者的《天使拉斐尔》（*Angel Raphael*，F624）。

11 1973年，F757被纽约大主教管辖区捐赠给梵蒂冈。

12 路易斯·范·蒂尔博格的《凡·高和米勒》（凡·高博物馆，阿姆斯特丹，1988年）和《米勒/凡·高》（奥赛博物馆，巴黎，1998年）。

13 37号信件，1875年7月6日；816号信件，约1889年11月3日。

14 米勒画的一些色粉画后来也出现了版画版本。这些版画刊登在《插画》（*L'Illustration*，1873年7月26日，第168页）。

15 816号信件（约1889年11月3日）和839号信件（约1890年1月13日）。4幅作品分别是《清晨》（*Morning*，F684）、《午间》（*Noon*，图90）、《傍晚》（*End of the Day*，F649）和《夜晚》（*Evening*，F647）。

16 第一张更小幅的版本是F689。凡·高在1880年临摹的版本已丢失，不过1881年在埃滕（Etten）画成的版本留存了下来（F830）。

17 《天主教插图》（*De Katholieke Illustratie*），1872~1873年，第357页。

18 《夜晚的咖啡馆》，1888年，普希金国家美术博物馆，莫斯科。

19 801号信件，1889年9月10日。凡·高想到比彻·斯托的《汤姆叔叔的小屋》（1852年）和狄更斯的《圣诞故事集》（1845年），他阅读了这两本书的法语版。

20 除了图96，留存下来的版本还有F541、F542（赠予高更）和F543。

21 RM23号未寄出信件，约1890年6月17日。

22 884号信件，约1890年6月13日；RM23号未寄出信件，约1890年6月17日。

23 文森特请求提奥寄一些人物画（863号信件，1890年4月29日），这张平版印刷画可能就在这批画中。

24 提奥写给安娜和维尔的信，1890年4月15日（凡·高博物馆档案，b928）；提奥写给米恩·邦格的信，1890年4月27日（凡·高博物馆档案，b4305）。

25 810号信件，约1889年10月8日；839号信件，约1890年1月13日。

26 凡·高的《拿着大镰刀的收割者》在2017年6月被佳士得拍卖。米勒的《三钟经》（*The Angelus*，1859年，现藏于奥赛博物馆）在1890年1月拍卖出80万法郎。拍出200万英镑的米勒作品是1995年11月1日通过苏富比拍卖行拍出的《夏日，拾穗者》（*Summer, the Gleaners*）。

第十四章：对北方的记忆（第155～160页）

1 863号信件，1890年4月29日。

2 864号信件，1889年4月29日。耐人寻味的是，凡·高在同一天给提奥的信中提到自己“已经两个月无法作画”（863号信件，1890年4月29日），不过他可能是指自己无法正常作画。

3 741号信件，1889年1月22日。

4 两个月的犯病期间，凡·高在精神正常的时候给提奥写了一封信（857号信件，约1890年3月17日）。

5 863号信件，1890年4月29日；864号信件，1890年4月29口。

6 841号信件，1890年1月20日。

7 这些画作可能作于3月末到4月中旬，因为凡·高没有在犯病期的信（857号信件，约1890年3月17日）中提到这些画。

8 凡·高为这幅画创作了另一版本（F674）。

9 864号信件，1890年4月29日。

10 虽然这幅画有时被称为《播种者》（*The Weeders*），但实际上并不会有人在被白雪覆盖的田地播种，凡·高自己将场景称为“拔芜菁的妇女们”（864号信件，1890年4月29日）。1885年，他还画了另一幅妇女们在雪地里收获芜菁的风景，现在已经遗失（529号信件，约1885年8月19日）。元旦的前一晚，凡·高在圣保罗见证了一场大雪（833号信件，1889年12月31日~1890年1月1日）。

11 图书信息请在原版书参考书目部分检索“Vellekoop and Zwikker, 2007”，第292页。

第十五章：盛开的杏花（第161~168页）

1 857号信件，约1890年3月17日。

2 786号信件，1889年7月5日。

3 787号信件，1889年7月6日。这封信写给提奥和乔，凡·高也寄了一封信给乔（846号信件，1890年1月31日）。他在圣保罗的所有信件都是写给提奥的，而不是“提奥和乔”。

4 提奥在1889年6月16日写了一封信（781号信件），直到7月16日（792号信件）前他都没有再写。7月16日的信件可能在凡·高病发期间寄出，因此直到一周后凡·高恢复了，才看了这封信。

5 佩龙致信提奥，1889年1月29日（凡·高博物馆档案，b1061）。这封信可能在1月30日寄到巴黎，但也有可能是后一天，也就是孩子出生的当天。

6 845号信件，1890年1月29日。

7 出生通知（b1493）和照片（b14670）现收录于凡·高博物馆档案中。

8 850号信件，1890年2月1日。

9 855号信件，890年2月19日。尽管凡·高告诉母亲他“立刻”着手画了这幅画（可能在收到新生命降生的消息后，也就是2月1日左右），他却告诉维尔自己在写信（856号信件，1890年2月19日）前“几天”完成了作品。凡·高竟然没有署名或写上贺词。

10 《1890年罗讷河气象委员会年度公报》，巴雷蒂埃和巴塞莱特（Barlatier & Barthelet）出版社，马赛，1891年，第50页。经历过漫长严冬后，天气从2月17日开始转暖。凡·高写道：“最后几天的天气不佳，但今天终于到了春天”（855号信件，1890年2月19日）。

11 这就是凡·高一年前在阿尔勒所做的事情，只是规模更小。1888年2月，他从盛开的杏树上折下枝条带回旅馆作画（F392和F393；582号信件，约1888年3月2日）。

12 凡·高拥有歌川国贞的版画，可能也知道葛饰北斋的《垂樱与红腹灰雀》（*Weeping Cherry and Bullfinch*，1834年）。

13 提奥的信件可能在1890年2月18日到达。凡·高在2月19日的信件中提到过提奥“昨天”告知自己，这可能指收到信件的时间，而不是写信的时间（855号信件，1890年2月19日）。《红葡萄园》是F495。

14 提奥在2月17日写下并提到这次出售的信件及凡·高对此的回信已经丢失，不过凡·高后来的反应却似乎异常低调。凡·高向母亲告知这次出售，但又评价其出价“不够”（855号信件，1890年2月19日）。实际上，出价还比较客观，可以支付精神病院四个月的费用，比高更的一些画要贵。1890年，提奥卖出了2幅高更的作品，价格分别是200法郎和300法郎（897号信件，1890年7月5日）。三个月后，凡·高令人费解地忘记了《红葡萄园》已经被卖出（875号信件，1890年5月25日）。买家安娜·博赫是布鲁塞尔展览的组织人奥克塔夫·莫斯的表亲，是欧仁·博赫的姐姐，所以凡·高可能认为购买只是为了示好，对成功感到喜忧参半。

15 857号信件，约1890年3月17日。这次病发于1890年2月22日。

16 863号信件，1890年4月29日。1888年3月~4月，他在阿尔勒完成了15幅开花的果园的油画（图书信息请在原版书参考书目部分检索“Bailey, 2016”，第29~33页）。

17 文森特·威廉·凡·高，《一些额外的笔记》，《凡·高书信全集》，泰晤士和哈德森出版社，伦敦，1958年，第一卷。

18 863号信件，1890年4月29日。凡·高后来提出他在5月17日回巴黎时“带回”了《盛开的杏花》（879号信件，1890年6月5日），但实际上这幅画在他出院时已经寄给了提奥，因为提奥提到过这幅画的送达（867号信件，1890年5月3日）。

19 867号信件，1890年5月3日；879号信件，1890年6月5日。

20 约翰·凡·高，《藏品历史》，《国家博物馆：凡·高》，莫伊伦霍夫（Meulenhoff）出版社，阿姆斯特丹，1987年，第4页。

21 与约翰·凡·高的邮件往来，2017年7月25日。

第十六章：孤立（第169~176页）

1 865号信件，约1890年5月1日。

2 凡·高在圣保罗期间与一些艺术家保持通信，但从现存信件看来，数量很少。目前留存的仅有5封寄给高更的信件（817号信件、828号信件、840号信件、844号信件和859号信件）、2封给贝尔纳的信（809号信件和822号信件）及1封寄给澳大利亚艺术家约翰·罗素（John Russell）的信（849号信件）。

3 《罗讷河上的星空》是F474。

4 《橄榄树丛》是F586，2幅阿尔勒时期的画作是F517和F454（或F456）。

5 提奥致信维尔，1890年3月14日（凡·高博物馆档案，b927）。

6 858号信件，1890年3月19日。卡诺1890年3月19日的采访。

7 《法国小报》（*Le Petit Journal*），1890年3月20日。

8 2幅《向日葵》分别是F454和F456。图书信息请在原版书参考书目部分检索“Bailey, 2013”，第105页。

9 833号信件，1890年1月31日~2月1日；883号信件，1890年6月11日。

10 868号信件，1890年5月4日；RM20号未寄出信件，1890年5月24日。

11 868号信件，1890年5月4日；865号信件，约1890年5月1日。

12 静物花卉是图108、F680、F681和F682。他还完成了2幅花园景色（F672和F676），1幅麦田风景（图48）和1幅幻想的风景画（图74，编号F704）。

13 879号信件，1890年6月5日。

14 阿尔勒的向日葵是F453、F454、F455、F456、F457、F458和F459。图书信息请在原版书参考书目部分检索“Bailey, 2013”。

15 872号信件，1890年5月13日。

16 医疗记录（图书信息请在原版书参考书目部分检索“Bakker, Van Tilborgh and Prins, 2016”，第156 ~ 159页）。佩龙提到凡·高最长的发病期持续一个月，可能是将2月中旬到4月的发病期视为两个阶段，其间有过短暂的停歇。尽管佩龙医生认为普罗旺斯的气候是凡·高离开的原因之一，但其实凡·高在信中几乎没有提到过这点（除了抱怨密史脱拉风）。

17 868号信件，1890年5月4日。

18 833号信件，1889年12月31日~1890年1月1日。

19 638号信件，1888年7月9日~10日。

附笔一：凡·高离开后的精神病院（第177 ~ 184页）

1 阿尔伯特·施魏策尔，《我的人生和思考》（*My Life and Thought*），艾伦和昂温出版社，伦敦，1954年，第205页。也可参见：杰拉德·韦尔（Gérard Vial），《阿尔伯特·施韦策和他不幸的伴侣》，《普罗旺斯圣雷米的历史》（*Saint-Rémy-de-Provence: Son Histoire*），2014年，第358~361页；杰拉德·克劳德（Gérard Claude），《圣保罗的囚犯》，《普罗旺斯历史》（*Provence Historique*），2009年，第236号，第193~220页。

2 见勒鲁瓦之子的论文：罗伯特·勒鲁瓦，《埃德加·勒鲁瓦》，《普罗旺斯圣雷米的历史》，2014年，第402 ~ 404页。

3 图书信息请在原版书参考书目部分检索“Leroy, 1926”。

4 杜瓦托的第一部作品是《文森特·凡·高的精神病》，《皮卡第医学》（*La Picardie Médicale*），图解补充，1926年1月和3月，第1~8页和第17~20页。

5 图书信息请在原版书参考书目部分检索“Leroy, 1926”“Doiteau and Leroy, 1928”“Doiteau and Leroy, 1936”。

6 勒鲁瓦最重要的专著可参见“原版书参考书目”，但是由于他能够接触到圣保罗的档案，因此他的其他相关文章也值得举出：《凡·高之家》，《皮卡第医学》，1928年7月，第247~253页；《艺术与文艺复兴时期的凡·高》，《从业者》（*Praticien*）杂志，1928年7月21日，第1558~1556页；《凡·高之家》，《墨西哥手风琴博物馆》，1928年11月15日，第3~11页；《圣保罗精神病院》，《普罗旺斯历史研究所回忆录》（*Mémoires de l'Institut Historique de Provence*），1929年，第107~121页；《凡·高在普罗旺斯的信》，《报纸杂志》（*La Revue des Pay d' Oc*），1932年6月，第329~345页；《凡·高：普罗旺斯之子》，《马赛医疗汽车俱乐部》（*Revue du Médical-Auto-Club de Marseille*），1934年2月第43~47页，1934年3月第65~67页，1934年4月第89~93页；《圣保罗精神病院的起源》，《精神卫生》（*L' Hygiène Mentale*），1938年9月，第121~133年；《圣保罗精神病院，19世纪》，《阿尔勒的回顾》（*La Revue d' Arles*），1941年6月，第125~130页；《文森特·凡·高回顾》，《阿尔勒的回顾》，1942年10月，第261~262页；《在庇护所的凡·高》，《凡·高的恶魔》（*Du Demon de Van Gogh*），ADIA出版社，尼斯，1945年，第73~85页；《文森特·凡·高在普罗旺斯的中心》展览目录，《文森特·凡·高在普罗旺斯》，勒杜博物馆，圣雷米；《凡·高和普罗旺斯》，约1953年（未出版资料，从凡·高博物馆复制）；《圣保罗修道院观察》，《方济各会研究》（*Etudes Franciscains*），1954年6月第71~96页，1955年12月第205~221页。

7 博物馆留言册收藏于2016年（圣雷米市政档案，2R4）。有2本旅客手册（分别为222页和73页），囊括了1929~1952年的历史。

8 苏富比拍卖行拍出，2012年6月22日。

9 印有回廊水彩画的素描本属于巴黎奥赛博物馆。莫里斯·丹尼斯（Maurice Denis），《期刊》（*Journal*），拉·科隆伯（La Colombe）出版社，巴黎，1959年，第三卷，第58页（1926年9月28日~10月21日参观）。

10 米歇尔·凯勒曼（Michel Kellermann），《安德烈·德兰：绘画作品目录》（*André Derain: Catalogue Raisonné de l' Oeuvre Peint*），施米特（Schmit）出版社，巴黎，1999年，第二卷（圣雷米作品包括第511号）。

11 凡·高的《橄榄树和柏树间的两座小屋》（*Two Huts amid Olive Trees and Cypresses*）可能描绘了迪昂吉哈尼农舍。

12 图书信息请在原版书参考书目部分检索“Mauron, 1976”。

13 其他受到圣保罗地区启发的英国艺术家包括芭芭拉·赫普沃斯（Barbara Hepworth）和她的丈夫——画家本·尼克尔森（Ben Nicholson），尼克尔森在1933年及其后到过该地。

14 让·巴尔蒂，《阿尔卑斯山公园　1880~1946年》（*Peintre des Alpilles 1880~1946*），阿尔皮耶山博物馆，圣雷米，2016年。

15 《伊夫斯·布拉耶尔：附有说明的分类目录》，艺术图书馆（Bibliothèque des Arts）出版社，巴黎，第一卷和第二卷，2000年和2008年。

16 《文森特·凡·高在普罗旺斯》，勒杜博物馆，圣雷米，1951年5月10 日~6月3日（5月27日通常不对外开放）。

17 《普罗旺斯》，1954年6月10日。

18 雅克·索比耶尔（Jacques Soubielle），《对不起，凡·高先生》，《旅游》（*Touring*），1975年12月，第19页。

19 布隆关于凡·高在圣保罗居住期间的重要文献，请在原版书参考书目部分检索“Boulon, 2003”，也可参见2005年新版。

附笔二：俄国的监禁（第185～189页）

1 图书信息请在原版书参考书目部分检索“De la Faille, 1970”，第532页（F1540）。

2 784号信件，1889年7月2日。

3 《观察家报》，1990年8月5日。更多背景信息，请参见：雷纳·舒西格（Rainer Schossig），《维克多·巴尔丁：提着手提箱的人》（*Viktor Baldin: Der Mann mit dem Koffer*），哈赫曼（Hachmann）出版社，不来梅，2005年。

4 杰拉尔丁·诺曼（Geraldine Norman），《王朝统治：米哈伊尔·皮奥特罗夫斯基和艾尔米塔什博物馆》（*Dynastic Rule: Mikhail Piotrovsky & the Hermitage*），独角兽（Unicorn）出版社，伦敦，2016年，第163页。

5 关于《野生植被》的展览，请在原版书参考书目部分检索“Vellekoop and Zwikker, 2007”，第244页。租借《星空》画稿的展览包括：巴黎沃拉德（1896年），阿姆斯特丹市博物馆（1905年），柏林卡希尔（1914年），汉诺威（1919年），柏林、维也纳、汉诺威（1927～1928年）和巴黎东京河岸大道（Quai de Tokio，1937年），可能还曾在不来梅艺术馆展出。

6 1992年9月8日采访。

7 《16~20世纪的西欧绘画：不来梅目录中的艺术收藏》（*West European Drawing of XVI–XX Centuries: Kunsthalle Collection in Bremen Catalogue*），库图拉（Kultura）出版社，莫斯科，1992年，第10页。

8 1992年9月9日采访，《观察家报》，1992年9月20日。

凡·高之旅（第190～191页）

1 菲利普·拉图雷勒，《埃斯汀博物馆，法国圣雷米博物馆》，《普罗旺斯圣雷米的历史》，2014年，第498～500页。

2 博物馆的雕像在1992年铸成。扎德金在1966年为圣保罗创作了一座胸像，这一胸像最初摆放在入口和小教堂间的过道中；1989年胸像被偷走，2009年找回。

原版书参考书目

Martin Bailey, *The Sunflowers are Mine: The Story of Van Gogh's Masterpiece*, Frances Lincoln, London, 2013

Martin Bailey, *Studio of the South: Van Gogh in Provence*, Frances Lincoln, London, 2016

Martin Bailey, 'The Mysteries of Arles', *Apollo*, December 2016, pp. 84-88

Nienke Bakker, Louis van Tilborgh and Laura Prins, *On the Verge of Insanity: Van Gogh and his Illness*, Van Gogh Museum, Amsterdam, 2016

Guy Barruol and Nerte Dautier (eds.), *Les Alpilles: Encyclopédie d'une Montagne Provençale*, Alpes de Lumière, Forcalquier, 2009

Jos ten Berge, Teio Meedendorp, Aukje Vergeest and Robert Verhoogt, *The Paintings of Vincent van Gogh in the Collection of the Kröller-Müller Museum*, Kröller-Müller Museum, Otterlo, 2003

Jean de Beucken, *Un Portrait de Vincent van Gogh*, Balancier, Liège, 1938

Carel Blotkamp and others, *Vincent van Gogh: Between Earth and Heaven, the Landscapes*, Kunstmuseum Basel, 2009

Marcel Bonnet, *St-Rémy-de-Provence: Le Temps Retrouvé*, Equinoxe, Marguerittes, 1989

Marcel Bonnet, *Saint-Rémy-de-Provence: Chronique Photographique de Frédéric George (1868–1933)*, Equinoxe, Marguerittes, 1992

Jean-Marc Boulon, *Vincent van Gogh*, Saint-Paul-de-Mausole, Saint-Rémy, 2003 and rev. ed. 2005

Nicholas Burliuk (ed), *Color and Rhyme*, New York, nos. 20–21 and 22 (Van Gogh issues), 1950–1951

Jean-Paul Clébert and Pierre Richard, *La Provence de van Gogh*, Edisud, Aix-en-Provence, rev. ed., 1989

Gustave Coquiot, *Vincent van Gogh*, Ollendorff, Paris, 1923

Victor Doiteau and Edgar Leroy, *La Folie de Vincent van Gogh*, Aesculape, Paris, 1928

Victor Doiteau and Edgar Leroy, *Van Gogh et le Drame de l'Oreille coupée*, Aesculape, Paris, 1936

Douglas Druick and Peter Kort Zegers, *Van Gogh and Gauguin: The Studio of the South*, Art Institute of Chicago, 2001

Ann Dumas and others, *The Real Van Gogh: The Artist and his Letters*, Royal Academy of Arts, London, 2010

Pierre Dupuy, *Saint-Rémy-de-Provence*, Equinoxe, Saint-Rémy, 2017

Etablissement de St-Paul pour le Traitement des Aliénés des deux Sexes, Clément, Avignon, 1856 (rev. ed. *Maison de Santé de Saint-Rémy de Provence*, Masson, Paris, 1866)

Jacob-Baart de la Faille, *The Works of Vincent van Gogh: His Paintings and Drawings*, Meulenhoff, Amsterdam, 1970

Walter Feilchenfeldt, *Vincent van Gogh: The Years in France, Complete Paintings 1886–1890*, Wilson, London, 2013

Martin Gayford, *The Yellow House: Van Gogh, Gauguin and nine turbulent weeks in Arles*, Fig Tree, London, 2006

Judith Geskó, *Van Gogh in Budapest*, Museum of Fine Arts, Budapest, 2006

Jennifer Helvey, *Irises: Vincent van Gogh in the Garden*, J. Paul Getty Museum, Los Angeles, 2009

Wulf Herzogenrath and Dorothee Hansen, *Van Gogh: Fields*, Kunsthalle Bremen, 2002

Sjraar van Heugten, Joachim Pissarro and Chris Stolwijk, *Van Gogh and the Colors of the Night*, Museum of Modern Art, New York, 2008

Sjraar van Heugten, *Van Gogh and the Seasons*, National Gallery of Victoria, Melbourne, 2017

Cornelia Homburg, *The Copy turns Original: Vincent van Gogh and a new Approach to traditional Art History*, Benjamins, Amsterdam, 1996

Cornelia Homburg, *Vincent van Gogh and the Painters of the Petit Boulevard*, Saint Louis Art Museum, 2001

Cornelia Homburg, *Vincent van Gogh: Timeless Country – Modern City*, Skira, Milan, 2010

Cornelia Homburg (ed.), *Van Gogh Up Close*, National Gallery of Canada, Ottawa, 2012

Jan Hulsker, 'Vincent's Stay in the Hospitals at Arles and St-Rémy', *Vincent* (journal), Spring 1971, pp. 24–44

Jan Hulsker, *The New Complete Van Gogh: Paintings, Drawings, Sketches*, Meulenhoff, Amsterdam, rev. ed. 1996

Colta Ives, Susan Alyson Stein, Sjraar van Heugten and Marije Vellekoop, *Vincent van Gogh: The*

Drawings, Metropolitan Museum of Art, New York, 2005
Leo Jansen and Jan Robert (eds.), *Brief Happiness: The correspondence of Theo van Gogh and Jo Bonger*, Van Gogh Museum, Amsterdam, 1999
Leo Jansen, Hans Luijten, Nienke Bakker, *Vincent van Gogh – The Letters: The Complete Illustrated and Annotated Edition*, Thames & Hudson, London, 2009 (www.vangoghletters.org)
Voijtěch Jirat-Wasiutyński, 'Vincent van Gogh's Paintings of Olive Trees and Cypresses from St-Rémy', *Art Bulletin*, December 1993, pp. 647–670
Richard Kendall, Sjraar van Heugten and Chris Stolwijk, *Van Gogh and Nature*, Clark Art Institute, Williamstown, Mass., 2015
Tsukasa Kodera, Cornelia Homburg and Yukihiro Sato (eds.), *Van Gogh & Japan*, Seigensha, Kyoto, 2017
Stefan Koldehoff, *Van Gogh: Mythos und Wirklichkeit*, Dumont, Cologne, 2003Pierre Leprohon, *Tel fut Van Gogh*, Sud, Paris, 1964 (rev. ed. *Vincent van Gogh*, Bonne, Paris, 1972)
Edgar Leroy, see also under Doiteau
Edgar Leroy, 'Le Séjour de Vincent van Gogh à l'Asile de Saint-Rémy-de-Provence', *Aesculape*, May, June and July 1926, pp. 137–143, 154–158 and 180–186
Edgar Leroy, *Saint-Paul-de-Mausole à Saint-Rémy-de-Provence*, Syndicat d'Initiative, Saint-Rémy, 1948
Edgar Leroy, 'Quelques Paysages de Saint-Rémy-de-Provence dans l'Oeuvre de Vincent van Gogh', *Aesculape*, July 1957, pp. 3–21
Charles Mauron, *Van Gogh: Etudes Psychocritiques*, Corti, Paris, 1976
Julius Meier-Graefe, *Vincent van Gogh: A Biographical Study*, Medici, London, 1922, 2 vols
Edwin Mullins, *Van Gogh: The Asylum Year*, Unicorn, London, 2015
Bernadette Murphy, *Van Gogh's Ear: The True Story*, Chatto & Windus, London, 2016
Steven Naifeh and Gregory White Smith, *Van Gogh: The Life*, Profile, London, 2011
Patrick Ollivier-Elliott, *Les Alpilles, Montagnette et Terres Adjacentes*, Edisud, Saint-Rémy, 2015
Ladislas Paulet, *Saint-Rémy-de-Provence: Son Histoire, Nationale, Commmunale, Religieuse*, Roumanille, Avignon, 1906
Henri Perruchot, *La Vie de Van Gogh*, Hachette, Paris, 1955
Ronald Pickvance, *Van Gogh in Arles*, Metropolitan Museum of Art, New York, 1984
Ronald Pickvance, *Van Gogh in Saint-Rémy and Auvers*, Metropolitan Museum of Art, New York, 1986
Louis Piérard, *La Vie Tragique de Vincent van Gogh*, Crès, Paris, 1924 (rev. ed. Correa, Paris, 1946; English edition *The Tragic Life of Vincent van Gogh*, Castle, London, 1925)
Eliza Rathbone and others, *Van Gogh Repetitions*, Phillips Collection, Washington, DC, 2013John Rewald, 'Van Gogh en Provence', *L'Amour de L'Art*, October 1936, pp. 289–298
John Rewald, 'Van Gogh vs. Nature: Did Vincent or the Camera Lie?', *Artnews*, 1 April 1942
John Rewald, *Post-Impressionism: From Van Gogh to Gauguin*, Museum of Modern Art, New York, rev. ed.1978
Pierre Richard, *Van Gogh à Saint-Rémy*, Centre d'Art Présence Van Gogh, Saint-Rémy, 1990
Henri Rolland, *Saint-Rémy de Provence*, Générale, Bergerac, 1934
Mark Roskill, *Van Gogh, Gauguin and the Impressionist Circle*, Thames & Hudson, London, 1970
Klaus Albrecht Schröder and others (ed.), *Van Gogh: Heartfelt Lines*, Albertina, Vienna, 2008
Saint-Rémy-de-Provence: Son Histoire, Société d'Histoire et d'Archéologie de Saint-Rémy-de-Provence, 2014
Timothy Standring and Louis van Tilborgh, *Becoming Van Gogh*, Denver Art Museum, 2012
Susan Alyson Stein, *Van Gogh: A Retrospective*, Park Lane, New York, 1986
Richard Thomson, *Vincent van Gogh: The Starry Night* (for the exhibition Van Gogh and the Colors of the Night), Museum of Modern Art, New York, 2008
Marc Tralbaut, *Van Gogh: A Pictorial Biography*, Thames & Hudson, London, 1959
Marc Tralbaut, *Vincent van Gogh*, Viking, New York, 1969
Marije Vellekoop and Roelie Zwikker, *Vincent van Gogh Drawings: Arles, Saint-Rémy & Auvers-sur-Oise 1888–1890*, vol. iv, Van Gogh Museum, Amsterdam, 2007
Marije Vellekoop, Muriel Geldof, Ella Hendriks, Leo Jansen and Alberto de Tagle, *Van Gogh's Studio Practice*, Van Gogh Museum, Amsterdam, 2013
(Edouard Viry) Ouvrier Typographe, *Dix Lettres d'un Aliéné*, Nouvelle, Lyon, 1884

原版书图片来源

akg-images: 39, 40, 42, 46, 50, 52, 56, 58, 61 left, 64, 68, 70, 102, 114, 117, 118

Alamy Stock Photo: 137 top (Paul Fearn)

Association Les Amis de Jean Baltus (amisjeanbaltus.free.fr), photograph by Daniel Cyr Lemaire: 183 (Private collection)

Martin Bailey 11, 12, 16, 180, 188

Barnes Foundation, Philadelphia: 157

Bridgeman Images: Cover, 8, 76, 78, 176 (Museum of Modern Art, New York), 18, 23 (Samuel Courtauld Trust, The Courtauld Gallery, London), 21 (Van Gogh Museum, Amsterdam), 29 R (Musée des Beaux-Arts, Marseille), 32 Van Gogh Museum, Amsterdam (Vincent van Gogh Foundation), 34, 45 (De Agostini Picture Library), 36 (J. Paul Getty Museum, Los Angeles), 44 top (Museum Folkwang, Essen), 44 bottom (Private collection), 61 right (State Hermitage Museum, St Petersburg), 71 (Van Gogh Museum, Amsterdam), 73, 122 (Philadelphia Museum of Art, Pennsylvania, The Henry P. McIlhenny Collection in Memory of Frances P. McIlhenny), 74 (Private collection), 75 (Private collection / Photo Lefevre Fine Art Ltd., London), 86, 96 (The Phillips Collection, Washington, DC, Acquired 1949), 88 bottom (Kunsthalle Bremen), 94 (Norton Simon Museum, Pasadena), 95 (Cleveland Museum of Art, Gift of the Hanna Fund), 98, 100 (Museum of Modern Art, New York), 101 (Rijksmuseum Kröller-Müller, Otterlo / De Agostini Picture Library), 103 (Van Gogh Museum, Amsterdam), 104 left (Minneapolis Institute of Art, The William Hood Dunwoody Fund), 108 (Národní Galerie, Prague), 112 (Rijksmuseum Kröller-Müller, Otterlo), 113 (Rijksmuseum Kröller-Müller, Otterlo), 126 (Private collection, Photo Christie's Images), 130, 133 (Musée d'Orsay, Paris), 132 (National Gallery of Art, Washington, DC), 136 (Private collection), 138, 145 (Musée d'Orsay, Paris), 141 (Van Gogh Museum, Amsterdam), 143 (Private collection, Photo Christie's Images), 147 (Private collection), 149 (Pushkin State Museum of Fine Arts, Moscow), 151 (Galleria Nazionale d'Arte Moderna, Rome / De Agostini Picture Library / A. Dagli Orti), 152 right (Rijksmuseum Kröller-Müller, Otterlo), 160, 165 (Van Gogh Museum, Amsterdam), 168, 171 (Van Gogh Museum, Amsterdam)

Fine Arts Museums of San Francisco: 150 (Memorial gift from Dr. T. Edward and Tullah Hanley, Bradford, Pennsylvania, 69.30.78 / Image Courtesy the Fine Arts Museums of San Francisco)

Foundation E.G. Bührle Collection, Zurich: 158, 154

Collection Kröller-Müller Museum, Otterlo: 37, 75
The Mesdag Collection, The Hague: 142

Metropolitan Museum of Art, New York: 53 (Bequest of Abby Aldrich Rockefeller, 1948), 105 (The Walter H. and Leonore Annenberg Collection, Gift of Walter H. and Leonore Annenberg, 1995, Bequest of Walter H. Annenberg, 2002), 106, 109 (Metropolitan Museum of Art, New York, Purchase, The Annenberg Foundation Gift, 1993), 110

Image courtesy of Nevill Keating Pictures (with thanks to the Royal Academy, London): 62
Paul Rosenberg Archives (III.3), Museum of Modern Art Archives, New York: 84
Rijksmuseum, Amsterdam: 82
Scala Archives: 26, 55, 89 (The Solomon R. Guggenheim Foundation, Thannhauser Collection, Gift Justin K. Thannhauser, 1978 / Art Resource, New York), 92 (Museum of Fine Arts, Boston, Bequest of Keith McLeod. Acc.n.: 53.1524. All rights reserved), 137 bottom

Photo Sotheby's: 181 (Private collection)

Vancouver Art Gallery: 179

Van Gogh Museum, Amsterdam (Vincent van Gogh Foundation): 10, 20 L + R, 41, 49, 54, 79, 90, 91, 116, 124, 140, 144, 146, 148, 156, 159, 162 top, 166

致谢

我衷心地感谢身在普罗旺斯的朋友奥内利娅·卡德特尼（Onelia Cardettini），她为我的研究提供了极大的帮助，在研究圣雷米档案时，正是她伸出了至关重要的援手，包括帮助我阅读难以辨认的字体、找到关键点、提出重要的关联。由于通晓多国语言，她帮助我进行翻译，区分法语与普罗旺斯语的细微差别。我至诚感谢她的帮助，以及她对我源源不断问题的耐心回复。如果没有她的支持，这本书将难以完成。

我想对圣雷米市政档案所，尤其是其档案管理员雷米·旺蒂尔和接任他职位的亚历山德拉·罗奇-特雷米尔表示深深的感激。感谢圣雷米镇长埃尔韦·谢鲁比尼准许我获取档案。如果不是圣保罗的院长让-马克·布隆带领我参观医院的公共区域以及参阅他的著作，那么研究不可能完成。

我也想对2009年版凡·高信件的三位编辑致以诚挚的感谢，他们是利奥·詹森、汉斯·路易登和尼恩克·贝克。他们的成果对任何想要研究凡·高的人而言都非常有价值。诚挚地感谢我在阿姆斯特丹凡·高博物馆的同事们，不论是过去的同事，还是现在的同事，尤其感谢伊索尔德·卡埃尔、迈特·凡·戴克、埃拉·亨德里克斯、莫妮克·阿热曼、阿妮塔·霍曼、阿克塞尔·吕格尔、克里斯·斯托维克、希拉·凡·霍滕、菲克·帕布斯特、泰罗·梅登乔普、路易斯·范·蒂尔博格、露辛达·蒂默曼斯、玛丽耶·维里科和阿妮塔·弗里恩德。能够在凡·高博物馆的图书馆部工作一直都是我的荣幸。同时，我也想感谢伦敦图书馆的工作人员。我在阿姆斯特丹的朋友亚普·沃尔登乔普帮助我翻译了荷兰语资料，梳理了研究问题，他的帮助非常重要。

其他帮助我的人还包括奥利弗·布拉耶尔、戴维·布鲁克斯、伊莎贝尔·卡恩、小维克多·杜瓦托、瓦尔特·费尔肯费尔德、马丁·盖福德、卢卡斯·格洛尔、约翰·凡·高、珍汀·凡·高、若西安·凡·高、威廉·凡·高、格洛丽亚·格鲁姆、克里斯托夫·格鲁嫩贝格、多萝特·汉森、科妮莉亚·杭伯格、斯特凡·科尔德霍夫、菲利普·拉图雷勒、马莱卡·伦弗林克、雅克利娜·勒鲁瓦、艾丽斯·莫龙、克劳德·莫龙，迪德里克·穆伊、理查德·芒登、贝尔纳黛特·墨菲、热拉尔·尼科莱、杰拉尔丁·诺曼、维伊尼娅·奥列尔、布伦丹·欧文斯、米哈伊尔·皮奥特罗夫斯基、艾琳·里韦罗、克里斯·里奥佩尔、弗朗斯·德·拉·罗克、玛丽安娜·罗森贝格、林恩·罗瑟、玛丽·谢弗、弗朗西丝·斯波尔丁、苏珊·斯坦和皮耶·弗斯库尔。

与弗朗西斯·林肯出版社[今年并入了白狮（White Lion）出版社]的编辑尼基·戴维斯一起共事，我感到非常愉快。她以丰富的经验编辑过我的前两本书：《我心如葵：凡·高的画语人生》（2013年）和《南方工作室：凡·高在普罗旺斯》（2016年）。尼基还在玛丽亚·博尔克的协助下设计了这本书的封面。感谢图片负责人劳拉·尼克尔森，她负责查找图片的来源，有些图片甚至来源于鲜为人知的地方。感谢梅洛迪·奥都珊娅组织了本书的宣传活动。

我想感谢妻子艾莉森，感谢她陪我一起探索圣雷米，感谢她的编辑经验。

我有一片星空：凡·高在精神病院不为人知的故事
WO YOU YI PIAN XING KONG :
FAN GAO ZAI JING SHEN BING YUAN BU WEI REN ZHI DE GU SHI

出版统筹：冯　波
特约策划：徐　捷
责任编辑：陈曼榕
责任技编：伍先林
装帧设计：龚妍珺

Starry Night: Van Gogh at the Asylum
First published in 2018 by White Lion Publishing, an imprint of The Quarto Group.

著作权合同登记号桂图登字：20-2020-081 号

图书在版编目（CIP）数据

我有一片星空 ： 凡·高在精神病院不为人知的故事 / （英）马丁·贝利著 ； 徐辛未译. —桂林：广西师范大学出版社，2020.3（2021.1 重印）
（焦点艺术丛书）
书名原文: Starry Night
ISBN 978-7-5598-2500-1

Ⅰ. ①我… Ⅱ. ①马…②徐… Ⅲ. ①凡高(Van Gogh, Vincent 1853-1890)—生平事迹 Ⅳ. ①K835.635.72

中国版本图书馆 CIP 数据核字（2020）第 002774 号

广西师范大学出版社出版发行
（广西桂林市五里店路 9 号　邮政编码：541004
网址：http://www.bbtpress.com）
出版人：黄轩庄
全国新华书店经销
广东省博罗县园洲勤达印务有限公司印刷
（广东省惠州市博罗县园州镇下南管理区勤达印务有限公司　邮政编码：516123）
开本：889 mm × 1 260 mm　1/32
印张：7.25　　字数：190 千
2020 年 3 月第 1 版　　2021 年 1 月第 2 次印刷
定价：78.00 元